창조문학 대표시인선 · 311

행복우산

이영지 시조집

창조문학사

□ 시인의 말

행복우산

  이 시집을 『행복우산』이라 한 것은 비가 히브리어로 계셈이기 때문입니다. 그분이 계시는 우산입니다. 너무나 큰 그 분의 은혜가 내리기에 『행복 우산』을 씁니다.
  비가 오는 날 저의 삶은 행복에 젖습니다. 하늘 은혜를 받으며 늘 한 걸음씩, 그리고 조금씩 밖에 오지 못했습니다. 그러나 많이 와서 이루어 놓은 것을 보면 나에게 대견해 합니다. 나의 삶은 항상 모자라기에 열심히 살고 따뜻하려 하였습니다.
  이번시조시집은 시조운율에 맞춘 이론이 실행되는 시조입니다. 한국의 보물 한국문학시조작품의 운율이 있습니다. 정형 율입니다. 초장 3·4·3·4의 14자와 중장 3·4·3·4의 14자와 종장 장 3·5·4·3의 15자 리듬을 가집니다. 총 43자 이론에 따른 시조시집입니다. 시조 한편은 43수를 가집니다. 이 전통 율은 사람의 오묘한 숨쉬기 움직임 리듬을 가집니다. 시조작품은 3·4로 시작하여 4·3으로 끝납니다. 사람이 살아 있는 동안의 리듬입니다. 이 3의 의미는 아름다운 마음을 가지는 의미로 나의 생애도 아름다운 3으로 시작 아름답게 끝나는 리듬 3입니다.

3으로 시작하여 3 · 4 · 3 · 4 · 3 · 4 · 3 · 4 · 3 · 5 · 4 · 3의 순서입니다. 이 리듬은 우연히 생긴 리듬이 아닙니다. 하나님이 이 세상을 아름답게 시작하여 아름답게 인간 생애도 끝나게 하는 리듬입니다. 인생 살기리듬입니다. 시조작품 한편이 지닌 아름다움입니다. 한 생애는 사랑하여 생긴 사람 몸체 한 생애 리듬입니다. 저의 작품 이론 시조한편이 지닌 리듬입니다. 시조한편 43자 학설입니다. 시조작품 진가는 한 사람의 생애 리듬 시작도 아름답게 끝남도 아름답게라는 인생리듬입니다. 인생의 아름다움을 몸으로 설명하는 하나님의 오묘한 마방진 리듬입니다. 저의 시조 작품 속에 넣을 수 있다는 감사로 아름답게 태어나서 행복하게 열심히 살다가 아름답게 끝나기를 바라는 저의 생애 기록이 담깁니다.

  혼자서는 더듬이 인생이기에 신앙의 하나님 일 사역 합니다. 얼마나 사랑의미를 잘 전하나입니다. 그대로 전해지려 노력하는 은유시학 행복우산입니다.

                        - 2025년 7월 이 영 지

행복우산
이영지 시조집

| 차 례 |

□ 시인의 말 … 3

제1부 / 행복우산!

행복의 순위 … 11
노란 여름과 행복보라 … 12
옥수수와 참외의 여름 … 13
빨간 장미와 노란 장미 … 14
초록 재 다홍 재 … 15
배달부 … 16
청지기 … 17
홍옥 … 18
은 삼십 … 19
쌉사람 새 … 20
서당골 … 21
달 잉어 … 22
식구 … 23
고향이 보고 싶음 … 24
별 밭 … 25
꽃가루 … 26
분홍단잠 … 27
위로 … 28
꽃 잔디 … 29
소리시 … 30

행복우산
이영지 시조집

제 2부 / 꽃이 맘껏 앉더라

날개 … 33
오 내 사랑 … 34
넌 내꺼야 … 35
별미순서 … 36
꽃 바다 … 37
함수관계 … 38
꿈의 … 39
응원 … 40
오오 코리아 … 41
바다 … 42
어쩔거나 … 43
발 … 44
과녁 … 45
바다 새 … 46
녹색바다 … 47
다리미나물 … 48
도로로루새 … 49
비비추 … 50
시의 꼬리 … 52
사랑주기 … 54

행복우산!
이영지 시조집

제 3부 / 계심이유

계심이유 … 57
첫눈 … 58
사과와 떫은 감 … 59
어머니 … 60
눈동자 … 62
그리움 덩 덩덩 … 63
셈 … 64
앵두비비 … 64
그림자 … 65
간이역 … 66
하얀 냄새 … 67
앵두 알 … 68
눈빛이어예 … 69
행진 … 70
씨줄과 날줄 … 71
보자기 … 72
사모 … 73
햇볕 … 74
아침 … 75
그대 … 76
꽃 가슴 … 77

행복우산!
이영지 시조집

제 4부 / 이영지 시집의 평

홍문표 은빛 언어의 환상 … 78
이병용 사랑의 반복 … 91
이병용 사랑치유의 영원한 행복 … 111

제 1부 행복우산

행복의 순위

달 먼저 떠오르면
해는 달, 따라 나와
달밑에 서서 있는
그 차례 하얀 차례
해는 달
하얗게 웃으면
하얀 웃음
보조개

해 먼저 볼 붉히면
달은 해, 따라 나와
해 밑에 활 활 활
속 차례 분홍차례
달은 해
함께 웃으면
분홍웃음
보조개

노란 여름과 행복보라

윤년인 7월마저 다가고 8월이랑 들녘은 노란 꽃과 보라꽃 핀 들녘을
부른다
이제 갓 피어 보라 꽃이 연하디
연한 들
들꽃 되어
많이도 꽃 나팔로
이리로 딩굴딩굴 저리로 딩굴딩굴
흐드러 흐드러지다 누워버린 노랑랑

여름이
들녘 불러 폼나는 노란 옷에
보라가 새로 서며 노란 보 둘러싸서
들녘은 노란여름과 행복보라 사이에

들녘이 보라보라 한 여름 하늘보라
어엄청 큰 행복이 줄줄이 들어서는
가을의 행복보라로 서성이며 기어가

옥수수와 참외의 여름

옥수수 참외참외 여름이 익는 밤이

참
참외 익혀가며 한낮을 걸어오자

내 산은 지금마악 보라로 익어들며
마음이 너랑 익어가
불러들인 강물에

강물에 한강물이 하얀창
불어나며
가슴에 들이밀며 발목에 감아들며
커다란 부피로 넘어
들이치는 한여름
하늘 물 웃음속이
훠언히
들어나는
옥수수 촘촘하고
참외씨 촘촘하고
쾅쾅쾅 여름소나기 들이밀어 붙이는

빨간 장미와 노란 장미

너
너랑 헤어질 때
하늘이 노랄 만큼
눈앞이 샛노랗다 못해서 돋아난 한여름의
내 잎이 새파랄 만큼
그립다는 내음새

하늘이 노랗고 만 가슴이 빠알갛게 타오른 바람 냄새
가슴을 파묻고도
남아 든 안개꽃으로 아슴아슴 돋아나

얼굴을
파묻고도
남아 돌 한 여름의
새파란 나이가 든
잎 새야 새 파라라
하늘이 더 푸르르라
바람 냄새
아
어쩜

초록 재 다홍 재

다홍재
다홍재는

혼으로
기다리지

음성을
기다리지
초록재 다홍재로는 굴레라야 씌우지

다홍이 아내내외 초록이 남편내외
초록이 한창 익어 다홍이 자알 익어
저고리 초록문고리 다홍아내
다 초록

배달부

마주한
낯선 거리 별만큼 멀지라요
발자욱 감아드는 맨발은 두리둥실
맨발로
두리 뒤범벅 새 사람이
반가운

눈이 먼 그리움에 그린 비
출렁이게
반가운 응어리로 손 건네 주고받는
수울술 뿌리다니요
어느 새에 가셨나

영 넘어 마음 줄을
이제야
잡아들면
벙그는 아람드리 내게다 건네주고
터엉 빈 가방 들고서 낯 선 거리
납시나   - 1975 신사임당 백일장에서

청지기

부름의
흐름 폭을
지나다 여미면서
마지막 꽃 잔 만을 빙 둘러 다시 촛불
앵두 빛 두 볼을 감싸 빛 새 날까 밤새다

입술로
대답하고
이 아미 몸 숙이고
이 푸른 벽돌에서 흐르는 이 아침을
가슴의 파랑 너울로 흐르도록 봉황새

파아란 눈빛으로
분홍의 속살에도
등 뒤의 먼지만을 한 가닥 털어내는
머나먼 푸른 꿈 익어 봉황새의 청지기

홍옥

홍옥을 먹을 때는

달콤함 새콤새콤
꿈 먹는 새콤달콤 입안이 요롱코롬
달콤해
눈이 반쯤만 잠기고도 행복함

은 삼십

꽃잎이 떨리더니 하늘이 들어와서
꽃 관 쓴 그 찰나의 향기나 만개하는
예수님 새롬새롬 핀 향 못 자국 보면서

은 삼십 그물망에 가두어 손짓해도
아이이 눈부셔라 젖은 나 살리시는
香窓의 하얀 유리창 날개달아 나는 이

코발트 하늘에도 바닷가 하늘에도
하루의 12시로 해맑은 햇살로만
비치는 녹색나무로 날 반겨서 웃으신

죽어도 살 빛 바다 하늘의 하늘바다
눈 감는 그 순간도 날 위해 푸른빛을
늪 속서 건지시는 이 속 눈썹이 떨린다

분가루 날리면서 웃음을 풀어 드신
아침이 오게 하신 노래로 부르시는
그대를 은 삼십 냥에 은하 불러 넘겨도

쌉사람 새

아침 해 솔잎사이 내 님 네 얼굴 비춰
눈부심
그 안에는 둥글며 벙글벙글
입속의 하나 가득히
쌉사람 새
도는 새

태양해 솔잎사이 내 님 네 눈에 들어
눈부심 그 밑에는
둥그런 행복 알이
입 안에 뒹굴어 들며
쌉사람 새
녹는 새

눈 내려
스며드는 아늑한 집 들 보라
환호의 물살들에
행복감 넘쳐오는
산 높이 아침잔치가 쌉사람 새 나도 새

서당 골

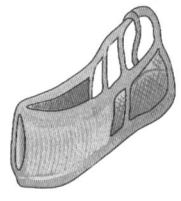

길가다
비를 흠뻑 밤 잎이 금 새 새로
길가다
햇볕 흠뻑
참나무 금 새 새로
서당 골 글 읽는 소리 코스모스 금 사탕

하늘에
별이 총총
가방의 속에 들어
이 밤을 지새고 나
매아미 되는 고을
행운의 열쇠로만 연 대추나무 서당 골

은회색
구름구름
초록이 한강이룬 서당 골 초록바다
별천지
골골마다는 글 홍실의 서당골

달 잉어

봄 헤는 나날마다
봄 달에 떠올라라
내 사슴 세수하다
내 호수 달 잉어다
나뭇잎
하나하나 둘
뽀오오얀
살결을

헤는 해
포풀러로
손들며
나무 수운(樹韻)
손 펴며
나무 부운(浮韻)
달 잉어 안아 둔 호수
달 잉어를
헤는 해

식구

밭 갈아 살아나온
꽃 뿌리
꽃을 봐라
꽃망울 꽃 들 바람
구름 위 꽃을 봐라
꽃 아침 구름바다에 너울너울 흘러라

고향이 보고 싶음

고향이 보고 싶음
전화로 걸어본다
고향이 전화선에 묻어나
어머니다
어머니 목소리 들어
엄마에요 나에요

사과를 따느라고 열사람 몫이란다
음성이 거기 계셔
오늘은 열사람 몫
음성이 거기 계셔서 오늘 하룬 좋구나

응 그래 그래그래 지금도 잘 있어서
어디든 조심하고 일찍들 들어가라
어디든 잘 있음 됐어 그래그래
오냐아

별 밭

당신은 별입니다
내 별은 내 가슴이
박히는 그 둘레엔 마알간 거울하나
내 안에 하늘이 들어
반짝반짝
별 마당

하늘에 박혀있는
총총히 눈물까지
고향이 들어있는 하늘에 쏟아지는
고향의 기침 속에서
살아나는
별 마당

꽃가루

꽃피자 빠알갛게 꽃가루 흩어진다
꽃구름 꽃 비늘이 꽃술을 피어들자
꽃 나방 한들거리며 나폴나폴 피어나

꽃 나방 분홍 얼굴 꽃술을 따느라고
하늘의 분홍 얼굴 바람의 분홍얼굴
분홍이 잔뜩 묻어서 나폴나폴 피어나

분홍단잠

나만의 분홍 잠은
유난히 깊습니다

흐르는
우물가득
넘치는
사랑속이

단 웃음
홍조무지개
분 같은 봄
보조개

위로

별빛이 비치면서 별날 일
내게로 와
꿈의 일
내게로 와 한 아름 안아줌이
내게 와
동화 이야기
나에게로
와아 와아 오느라

하나로 위로하는 초록 실 돋아나고
풀 바람 내게로 와 파란 옷 파란 웃음
덧입혀 초록 눈잔지
나에게와
사알짝

꽃 잔디

땅에서 불이나자 소방차
달려오다
취하여 꽃불보고 취하여
정신 잃고
하루를 다 보내고도
불을 끄지
못하고

이틀을 다시 와서 또 보다 하늘 멋고
달마저 오는 줄도 모르고 다시 와서
마음 꽃 잔뜩 붙이고 땅 사람이 되는 날

몸에서 꽃이 일고 바람이 꽃이 되어
잔디를 이루면서 입에다 꽃을 물고
말하랴 꽃을 말하랴 꽃불마당 꽃잔디

소리시

복숭아 꽃 이파리 다 내린 날입니다
달빛이 수줍다고 귓불을 숨기면서
하얀비 소리꽃잎이 얼굴 묻는 소리비(雨)

접어둔
소리 날며
날아든 꽃숨날며

천일의 천일곱을
더하며
내리는 시
하얀 비 소리꽃잎 詩 내 안 마음 소리 시

제 2부 꽃이 맘껏 앉더라

날개

뽕뽕뽕 병아리 떼
오리는
뒤뚱뒤뚱
앉거니
서거니에
키 재기
맨드라미
피마자 잎 싼 봉숭아
아스라이
날개다

빨간불 배롱나무 하늘에
아스라이
불 켜서
어지럼증
패랭이
꽃 내기와
풀 내의
치자나무 귀 아스라이 날개다

오 내 사랑

사랑아
나의 등에 업히라
살 맞대고
함박꽃
가득물고
어부바
오 옳지 사랑무늬

따스한 나의 분신인 네 살결의 내 느낌

어부바
오 사랑아
내 몫의 살아있는
아가야
그림 사랑 어부바 드림 사랑
어부바 등에 업고서 한 바퀴만
어부바

넌 내꺼야

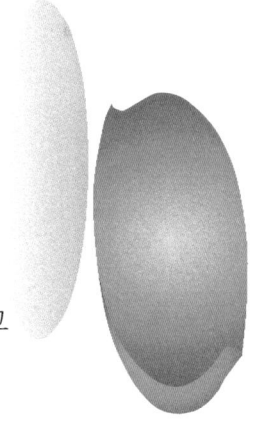

오
너를 복중에 짓기 전
넌 내꺼야
나오기 전에 너는 오로지
넌 내꺼야
비치는 얼굴이 온통 하늘이고
바다고

내 말을 들어보아
내가 널 누구에게 보낼 것 같아지니
절대로 아니란다
그냥 꼭 오기만 해라 내 말 먼저 들어 봐

넌 내게 웃기만 해 내 길로 날아와라 하늘의 유리바다 너의 꿈 물바다에 비춰줘 나를 꿈꾸게 하는 너는 누구니

하늘에 물 흐르며 땅 끝이 비쳐지면
걸어와 사뿐사뿐 쇠풀 무 벗어나 봐
오라는 내 목소리를 들어봐라
오오오

별미순서

봄에는 노랑꽃에
여름은 빨강 꽃에
가을은 보라 꽃에 잎들은 파랑새야
다음은
마음의 단풍 들기까지
꽃신은

꽃신은 진달래의 꽃 산에 두고 오고
라일락 향기만은 두루루 두루마리
취하여 지내다보니 치마아래
꽃신은

꽃 바다

자 가자
꽃 바다가 꽃물로 춤을 춘다
묻어둔 별을 달고 바람을 풀어낸다
아침을 깃대에 꽂아 꼴인한다.
이긴다

깊숙이 묻어둔 새빨간 심장에는
당신을 닮아가는 하늘의 포물선이
땀방울 비 오듯 하며 골대 안에
안긴다

여자의 젖가슴에
남자로 피어나서
반지에 키스한다.
빠알간 티샤쓰가
이김의 물결 물결로 손에 손을 잡고서

함수관계

당신은
꼼짝 않고
꼴 대 안 그 안에서 둥그런 집을 짓고 계셔서
그리로만
갑니다 어떠한 일이 있더라도
갑니다

방법이
없습니다
한 발짝 꼼짝 않고 계셔서 제 가슴을
공으로 부풀리고도 번개 날개 답니다

빨간 잎 그리움의 함성이 꽃 바다인
깊숙이 묻어둔 별 새빨간 심장 들고
대표로 하늘포물선

땀방울로
갑니다

꿈의

당신이 제게 주신 월계관 그 보다도
저에겐 당신만큼 더 큰 게 없습니다
당신의 사랑방울이
온 나라를 뒤덮어

"나는 널 사랑한다. 죽어도 널 사랑해
지구를
이 세계를 몽땅 다 사랑한다"
운동장 가득히 메운 사랑 쌓기 계단은

응원

빨간 꽃 꽃들의 봄
빙그을 돌아간다
목마른 그리움이
입술에 젖가슴에
묻히며 꽃구름으로 대~한~민~국
여기는

스크린 앞에 앉아 빨갛게 묻어나는
당신의 꿈 자욱이 머리에 얹혀진다
온 지구 흔들어 가는 하늘복판
여기는

당신을 사랑하여
그래도 모자라서
그리움
십자가에 사랑에 맞히려고
가슴에
입술에 달고
손뼉을 달고
달려가는 당신 품

오오 코리아

꽃들이 꿈을 달고 오르자 피어나는
우리의 마음하나 피어난 국기에는
꽃으로 빨간 티 샤스 대한민국 코리아

한 꽃잎 문신으로 그 옆 또 꽃잎 하나
그 옆에 또 앉는다 나란히 줄 맞추어
당신들 눈의 꽃빛을 보라 오오 코리아

꽃으로 이글이글 타올라 이글이글
황금의 발로 차는 하늘의 복판으로
꽃 축제 사천팔백만 이글이글 코리아

꽃 축제 오르는 꿈 덩이 몸짓에는
모두가 45분간 달리다 잠시 쉬며
품안을 140km로 안기면서 달리는

바다

꽃잎이
나풀나풀
꽃송이 나비바다
꽃잎이 꽃잎바다
꽃송이 무궁화의
바다는 지금 웃음을 빼곡하게 읊는다

손뼉의
대~한~민~국
필승의 코리아는
두 볼로 빠알갛게 천국을 열어놓고
당신이 원하는 것을 다 베풀어 드린다

어쩔거나

꽃잎아 이리와 와
꽃송이 피어나라
꽃 바다 꽃 사태로
안아줄 품 안으로
오라 와
어서 들어와
하늘 한 장
내 사랑

사랑닢 줄기에는
싱그런 사랑사태
열리어
내 눈빛에 네 얼굴 비쳐온다
원하는 건 무엇이든
눈 입 코 입
꽃님이

발

황금의
발로 차는 당신의 꿈속에는
아아주 고운고운 꽃가루 젊음들이
천국을 화악 뿌리고 오오오오
코리아

피어라 빨간 꽃잎
손뼉이 마주치는
스크린 잔치마당
젊음의 바람들이
손뼉을 마주할수록 오오오오
코리아

화알짝 피어나는 빨갛고 빨간 샤쓰
달리는 발걸음에 선물로 꽃 바다다
이야기 별 볼 일들의 오오오오
코리아

과녁

당신이 산인가 뭐
아 그대 산이오 오
난 모란
꽃인가 뭐
아 그대 향기오 오
당신이 뉘인가 뭐 뭐
과녁이오 그대의

바다 새

날개로 바다 속에 들어가 나르면서
바닷물 마시면서
하늘 물 나르다가
하늘 물 마시느라고 날개 접어 자는 새

바다의 깊이에는
산호로 산을 쌓고
하늘의 깊이에는 별무늬 그림 넣는
바다 새
하늘바다 새
하늘 바다
바다 새

녹색바다

산도 녹색
나무도 녹색
어린풀도 녹색
저저기에도 녹색
둥글글 수박도 녹색
화분그릇이끼도 녹색
근질근질내심장도 녹색
내이흰이피부도드디어 녹색
이흰이피부도드디어 색으
흰이피부도드디어 으로
이피부도드디어 로탈
피부도드디어 탈바
부도드디어 바꿈
도드디어 꿈할
드디어 할것
디어 것이
어 이다
다

다리미나물

다리미
나물 잎은
다리미 다리미다
이름이 어쩜 같아
둘이서 행복
하트
다리미 나리미나물 매끈매끈
다림질

공기의 바람 틀을 다리미 해 싸라기
쭈루룩 밀어가며
구겨진 사랑기리
팽팽히 줄을 서가며 매끈매끈
다림질

도루로루새

도루새
도르로루
로루새 도르로르
아침을 돌리면서
꽃 숲을 열어놓아
포당당
도르로루새 도르로르
르로루

입술로 도르로루
오무려 도르로루
하늘에 퐁당 빠진 도루 새 도르로루
포당당
도르로루새 도르로르
르로루

비비추

드납작 엎드리어 연푸른 행복 잎을
쫘르르 깔아놓아 대궁은 하늘 새다
비비며 보라드럼이 부부붕붕 비비추

비
비며
비벼비벼
따뜻이 비벼비벼
연푸른 바다 잎을
쫘르르 깔아놓고 물기로 비벼비벼
비비추 꽃대 궁 올라 부부붕붕 떠 있다

비비며 비벼비벼
순이와 비빌수록
돌이와 비빌수록
엎드려 익어가다
볼로록 팅겨 오르며 보라 꽃이
포르륵

비비면 비빌수록 따뜻한 세상에는

이파리 매일매일 토다닥 올라올라
봉긋이 말소리 하나 없이 비빌
이파리

살갗을 비벼비벼
연푸른 행복 잎을
쫘르르 깔아놓고 사랑 알 비벼비벼
비비추 꽃 대궁 올라 부부붕붕
보라
꽃

시의 꼬리

눈썹이 나부끼자
나뭇잎 한들한들
말 담아 새겨놓고
꼬바박 세운 다음
날
아침
살갗에 나와
보고 싶다
볼로록

더듬어
달싹이자
초록 잎 살랑살랑 보라 꽃 꺼내들어
꼬바박 지닌 다음
날
아침
온몸에 피어
그리웁다 오로록

분홍 꽃 잎 두덩이 양 볼에

웃음까지 두둑이 그려놓은
층층
의
꽃잎
의 새
그리움
아침바다는
시의 꼬리
볼로록

사랑주기

나뭇잎 숨을 쉬네
파란 숨 일어나서
파랗게 도톰하게
파란 숨
마시고 싶은 나에게로
숨 쉬네
숨 쉬네 숨을 쉬네 빨간 숨 쉬고 나서
빨간 잎 도톰하게
빨갛게 돋아나서 빨간 잎 마시고 싶은 나에게로
숨 쉬네
숨 쉬네
숨을 쉬네
두 손을 높이 들고 맨 몸을 들어내고
비 맞고 싶어 하고
물 먹고 싶은 나에게로
숨 쉬네

제 3부 계심이유

계심이유

물들이 파아랗게 되는 건
너 때문야
꿈 들어 파아랗게 되는건
너 때문야
비로 해 내가 있는 거
살아 숨 쉴 나의 너

물들이 말가얗게 되는 건 너 때문야
하늘이 파아랗게 되는 건 너 때문야
하늘 물 내려오면서
초록물이 너이다

* 비는 히브리어로 '계심' 뜻이다.

첫눈

발자국 하늘에서 내리네 이 순결함
세상에 내리 너야
꼬오옥 보듬고픈
포근한 네모난 대지 세모 나는 나무에

둥글게 둥글게 너
꼬오옥 안아다오
마지막 앉은 나의 딱딱한 의자마저
흰 눈에
포근하게도 내 마음의 눈가에도 나의 너

따뜻해 따뜻해라
그이의 흰 눈이 너 나르네 나르 너에
사랑할 그리운 자리 눈가에도 나의 너

사과와 떫은 감

떫은 감 옆에다가 사과를 놓아두다
사과의 알알들이 알알이 녹아나서
단 감의 흥얼거림이 오동통통
살지게

올 사과
한 알에는
떫은 감 한 개를
단 맛이 나게 하고
사과의 두 알에는
떫은 감
다섯 모두를 두 배 이상 달디 달

한 마당 풀어놓고 뱃속에 들어가서
골고루 구석구석 달지근 하게하고
조용히 꿈이 내리길 턱을 괴고 앉았음

어머니

어머니 보고 싶어 이 밤은 깊은 샘이 우물을 길어 올릴 날 위해 베풉니다 하늘 꽃 실타래에 아들도 흠뻑 젖고 딸들도 동동 뜨는 아침의 바람들이 별꽃인 별 마당으로 열두 고랑 풀어놔 아침 해 길이에는 하늘 꽃 해바라기 돌아온 발길위엔 푸른 들 열두 고랑 햇빛이 녹아들어가 어머니 별 풀어놔 어머니 그리움은 우리를 낳으실 때 몸조심 하시면서 하늘을 엮으시고 어른은 앞마당 에다 해를 줄여 묻으신 해 안고 돌으시며 별들이 잉잉거린 꽃잎의 아카시아 단맛을 모아 모아 큰 별을 받으시더니 삼년이 더 걸리샤 인삼 밭 한 뿌리의 하나의 줄기라도   다칠까 꼬챙이로 조심조심 캐내시어 아직도 모자랄세라 따스함을 넣으샤 들판에 묻혀있을 깨소금 참깨 밭의 열개도 스무 개도 더 들어 있을 깨를 동그란 해 닮은 해로 시아버지 닮으샤 온 누리 녹아 있을 햇살로 반짝반짝 은빛의 맑게 흘러내리는 시냇물에 가셔서 채를 드시고 따스함만 받으샤 돌쇠가 싸리비로 횅하니 썩썩 쓸은 마당의 한복판에 시집을 오실 때에 가져온 낡은 돗자리 툭툭 털어 펴시샤

시집을 오실 때에 햇살의 싱싱함을 지금은 낡아져서 구멍이 뻐엉뚤린 구름을 쭈욱 펴시고 쓰윽 쓸어 해 속에 앉히고 덩어리의 참깨를 손으로만 해 손에 고루고루 펴시어 하늘 펴어 당신의 삼베 보자기 반듯이 펴 놓으샤

얇게 펴 말리시고 행여나 병아리를 데리고 마당 돌던 어미가 꼬옥꼬옥 넘을까 안절부절로 마당둘레 보시다

아예에 방문 열어 놓으샤 문지방 곁 거기에 걸터앉아 보시다 못 미더워 아예에 문지방 나오신 코 박고 물 한 모금

입에 문 하늘 한번 보고 또 한 번보고 구구구 병아리의 부리를 무심히 보며 하늘 한

눈동자

내 님의 눈동자는 1000도의 불덩어리

사랑을 구워내어 까아만
흑도자기

흑진주 가득 담아서 하얀 숨결 앉히는

내 님의 눈동자는 하늘의 비밀이매
마음이 설레이는 내 앞의
분홍손톱
가슴의 폭포수강을 쏟아내려
놓고픈

그리움보고싶음속삭임보고싶음
한 생애 들어앉아
앉으매
서 있으매
발가락 그 끝에서로
머리까지
오르는

그리움 덩 덩덩

은행의 그리움덩이 그것은 은행잎 때문일 거에요 온 행 저축 온 하늘에 온 날의 날갯짓을 입어 노오라안 하늘에

그러기 노오란 부황난 그리움을 파르르 파르르으 떨다 못해 하늘을 노랗게 물들라 노랗게 명령하고 하늘에

은행은 구름을 은행이라 그것은 은행허리 옴팍옴팍 싸안고 그렇게 불렀기 때문일 거에요 쏴르르으 하늘에

쏴르르 쏟아지는 그리움 더엉덩덩 그러기 노오란 부황난 그리움을 쏴르르 쏴르르 떨다 노오랗게 땅에다

샘

해종일 꽃 내음의 바다 물 따라간다
고무신 한 짝으로 앉아서 펑퍼즘이
아무리 떠 퍼내어도 물 만 모인 너 내음

까치발 돋음으로 고개를 젖히면서
기다림 꽃내음의 하늘 별 담느라고
날밤을 별 따 담아도 별만 파란 너 내음

그림자

그대는
책을 펼칠 때마다 밑줄로만
그리움 긋게 하고 남아서
이음줄로
엮어서 내가 여기서 기다렸어
하네요
소리를 내어 가며 읽으면 별빛으로 들어와
다 외울 수 있도록
차곡차곡
깨끗이 잘 접었다가
맑은 물이야 하네요
알갱이 하나 없는
이 하루
끝자락도
한 모금 물이라며
유리알 비추듯이
그대인
나의 노래를
받으라고 하네요

간이역

오늘도
여전하게
기차가
지나가면
차바퀴 굴러가는 소리를 틀어놓고
가슴을 두근거리며
사람소릴 듣는다

뭐라고
이야기를 했느냐
묻는 나무
어떠한 모습이냐
물어온 해바라기

그리움
이러이러한 이야기라
알린다

하얀 냄새

백합화 한가운데
꽃술이 뜨는 날은
하아얀 냄새나요
하아얀 냄새나요
하늘이 파랄 때 까지 새하얗게 퍼져요

씨방이 모락모락 봉긋이 오른 날은
하야안 냄새나요
하아얀 냄새나요
하늘이 파랄 때 까지 새하얗게 퍼져요

하늘이 안아 주는 하늘이 안아주는
새벽이 태어나요
새벽이 태어나요
하늘이 파랄 때까지 새하얗게 퍼져요

-삼상 17:41-48

앵두 알

앵두 알 볼에 넣어
앵두 알 볼이 되네
거어 참 앵두가
요술을 부리나봐
두 볼이 앵두같이 톡
불어지며 나아와

붉히는 가슴마저 앵두가 들어있네
되었네
앵두 처녀
되었네
가슴도 앵두네 참

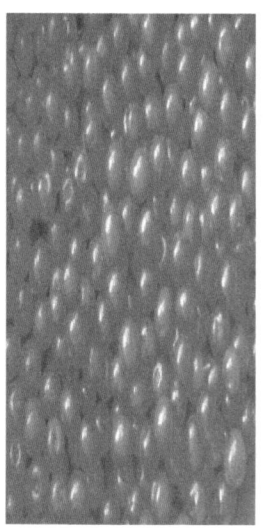

두 볼도 두 가슴모두 앵두처녀
이네
뭐

눈빛이어예

햇빛이 물들어예
아침이 물들어예

온 몸에 부쩍부쩍
붙이어 아침에는

붙느라
아침이슬이 딱 붙어서
젖어예

행진

뿌리는
위 로 위 로
이파리
팔을 달아
햇살을
함 빡 함 빡
드높이 흔들면서
초록의 립스틱으로 초록소리 지르며
날개로 헤엄치며 탕탕탕 북을 치며

어둠아
물럿거라
초록잎 나가신다
초록팔 나가신다

예이이 초록웃음이 나가신다
예이이

-행 8:21

씨줄과 날줄

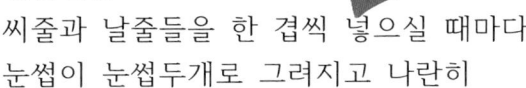

하나님
제 얼굴의
씨줄과
날줄날줄
씨줄과 날줄들을 한 겹씩 넣으실 때마다
눈썹이 눈썹두개로 그려지고 나란히

외쪽 귀 두 귀로만 열리어 새벽 쫑긋
외눈박 그런데로 하루는 이틀지나
조금은 짝짝이지만 그런데로 예쁜 눈

아침이 이슬로만 세수한 아침에는
얼굴을 들여다 볼 오른 눈 해맑아라
가만히 눈 여겨 보곤 그런 다음 짝짝이

보자기

가을을
담습니다
들녘이 도란도란
여물어 좋아하는
소리를
담습니다

알알이 톡톡 튀면서
껍질들이
열린

와!

사모

오 나의 하나님은
이
나의 날개에요
물에 늘 하늘만을 사모할 꿈을 달아
얼굴이 비치는 나를 거울 되게 하시어

늘 따라 다니게만 하시어
오늘 하루
하늘과 땅에 가득 알파와 오메가라
하시어
가슴언저리 웃음일게 하시어

오 나의 하나님은
이
나의 날개에요
꽃 들이 포록포록 날개로 날아들며
백합의 미소 한 모금 거울 되게 하시어

햇볕

햇볕이
등에 붙어
따뜻한 말을 한다.
가슴에 들어가고 싶다고 말을 한다.

한 웅큼 떼어내어서
물에 넣어 주세요
오
말을
할
때마다 달콤한 햇볕이 팡 팡 팡 쏟아지고
풍
풍
풍 샘 솟는다
한 웅큼 떼어 잡수세요
하늘 향해
퐁
퐁
퐁

아침

구름이
아침에는 빨갛다 못하여서 하얗게 변해간다
아마도 아침까지
기다려 하늘한쪽을 차지했나
그럴까
물 가루 나무새를
뽀얗게 뿌린 다음
무어라 무어라고 알려준 다음에야
구름이 빨갛다 못해 하얘진 게 분명해
아마도 열매들의 사랑을 전해들은
물 가루 빨리빨리 하늘에 올라가서
알린 건 사랑 탑사건
그게 확실 한거다
밤 지난 아침에의 아아주 달콤함과
나무가 밤 세우며 들어준 이야기를
다음날 분명 1cm 는 커 있으라
그거야

그대

햇빛을 업고서도 모르면 모를수록
햇빛을 안고서도 모르면 모를수록

온종일
황금마차로 보내주는
황금빛

그대가
황금 알을 넣어서
두루마리
빛이다
황금들판

온 빛의
퍼레이드로 금 기름을
뿌린다

꽃 가슴

햇빛이
비쳐주자
꽃들이 입을 열며
꽃망울
하나씩을 내게로 가져온다
아주 잘
웃는
꽃 가슴
물이 들어 오른다

내 입이 열려질 때
물이 든 꽃 가슴이
빨갛게 뛰어 나와
그대의
가슴 안에
사랑해

햇빛사랑을
함빡함빡
넣는다

□ 이영지 시조집 『행복의 순위』시평

은빛 언어의 환상

홍문표(시인·문학박사·평론가)

I

이영지 시인의 시조집 『행복의 순위』는 새벽기도라는 큰 제목의 연작시조의 일부다. 그는 새벽기도라는 오랜 세월을 통하여 방대한 양으로 축적되고 있다는 시적 작업이기도 하다.

새벽기도는 물론 신앙적 용어다. 따라서 실제 새벽기도라는 신앙적인 행위를 통하여 얻어지는 신앙적 체험을 직접 시조로 쓸 수가 있을 것이다. 그러나 넓게 생각하면 인간은 누구나 새벽의 꿈을 갖고 새벽의 기원을 갖기 마련이기 때문에 새벽기도는 소망을 다짐하는 삶의 총체적인 모습이라고 할 수도 있다. 따라서 새벽기도는 결코 하나의 주제나 소재일 수 없으며, 일상적인 삶과 신앙적인 체험들을 기원의 형식을 빌어 쓴 것이라고 할 수 있다.

그런데 이영지 시조시인의 작품을 보면서 당혹스럽게 느끼는 첫째로 형태의 분방함이다.

    리움 바다에다 다발로 다 버리고
 그 리움 어디 어디 있느냐 또 다시 또
    리움 또 다시 찾아 우주만큼 싸 안아
              - 「곱하기」에서

벽
그 벽
네모벽은
닫힌 벽
하늘의 벽
젖은 이 하아얀 벽
아직도 드높은 벽이 좌로우로 넘치는
            - 「엘리베이터 속」에서

길
구름
있는 날은
초하루 길 떠날 때
            - 「도시 숲」에서

포
포롱
 새
 샛노란
 수
 수건 방에 넣고
 빤

> 빨간 담요 홀로
> 싸안고 들어가면
> 자전거 높은 음자리 난간 위에 앉아서

- 「이층집 圖」에서

  물론 모든 시조가 그런 것은 아니지만 인용한 몇 편의 시를 보면 매우 시각적이고 도형적인 의도를 보여주고 있다.

  시조가 엇시조와 사설시조를 거치면서 그 형태를 거듭해 왔지만 이미 최남선이나 주요한에 의해 평시조의 다양한 실험을 시도한 것에서부터 현대에 이르러 시조의 역사에서 이 행갈이는 당연한 시대적 요청일 수 있다.

  시조의 전성기인 영정 시대를 거쳐 수 세기를 지난 오늘날에 있어서는 평시조의 형태는 한국의 전통적인 형태이다. 이영지 시조는 이를 고수하면서도 평시조가 가지는 그 형태의 변화를 기한다는데에 큰 의의가 있다. 이영지 시조의 이 계승발전이라는 중요성은 평시조의 형식을 아예 기하학학 도형으로까지 변형실험하고 있다는데 주목하게 된다.

  이것은 일반적인 현대시조의 변형과 확연히 구별되는 부문이라고 하겠다. 현대 시사에서 이러한 실험은 이미 모더니즘이나 초현실 주의 시에서 시도된 것인데 바로 이영지 시조에서도 이러한 행위가 두드러지게 나타나고 있는 것이다. 기본적인 글자 수는 유지하되 행이나, 연, 또는 서술방식을 과감히 탈피하여 현대시가 추구하는 시각적 기호까지도 시도하고 있다는 점이다.

2.

두 번째로는 시문장의 문법적인 일탈이다. 이것은 시조가 갖는 자수의 제한성을 위한 과감한 생략이기도 하다. 초현실주의가 추구하는 일상적 어법의 파괴나, 러시아 형식주의가 제시하는 낯 설게 만들기의 시법도 고려할 수 있다.

   하늘가
   그 쯤에서
   손 가려
   웃는 바람
   이제는 햇빛으로 빛나라
   그러라고
   이슬로 서질랑 말고
   햇빛날개

   나와
   네

— 「예 녜에」에서

    쪽물을 드릴 천에 홍두께 바람 와도
    정성의 손방망이 두드려 따 올리면
    세월도 빨랫줄에서 고운물을 들이고

    옹달에 빨랫줄은 대나무 줄줄마다
    초근목 풀밭에서 꽃술을 담아널은
    홍화의 찬물에 담겨 노란색소 나오는

— 「쪽물드릴」에서

    꽃신을 바라느라 나의 봄 무르익어 해진 옷 속살속살 은파도 얇아지고 물레의 가시들이 와 내 살 틈에 꽂힐 때

    물무리 둘레둘레 사각링 두들기는 내 둘레 쏟아지는 화살꽂이 너무 아파 물길을 물 붓듯 열어 내 살꽃을 세우며

— 「조끼」에서

  시는 행동하는 것이 아니라 존재하는 것이다. 주어와 술어가 생략되면서 사물어의 기본 틀에서 진동하고 있다. 원래 시가 산문과 다른 점은 진동이다. 일차적인기의를 생략한 이차적 기의 즉 원관념을 숨긴 보조관념으로 이해할 수 있는 이 시조는 초현실주의 기법을 따른다. 「예 녜에」는 대상에 대한 애정의 집착이기도 한 원래의 뜻을 찾을 수 있으며 「쪽물드릴」에서는 "두드려 열" 혹은 "줄마다 열"에서 마치 후렴구나 매김소리 같은 한국 특유의 서정 기법을 쓴다. "꽃신을 바라느라" "나의 봄 무르익어" "은 파도 얇아지

고"의 독자적인 의미는 전달되지만 인접성에 의한 연결은 초현실 기법으로 이해하여야할 일이다.

   3.

  이영지 시조의 총체적인 기호는 어떤 의미작용을 가지고 있을까? 소쉬르는 시니피앙^{記票}과 시니피에^{記意}로 구분하여 음성적 형식과 그러한 음성적 형식이 지시하는 의미내용을 구분하였다. 사실 언어란 임의로 어떤 의미내용들을 대신하는 기표를 제작하여 사용하는 의사소통행위라고 할 수 있다. 그런데 시의 언어는 일상적이고 문법적인 기표와 기의를 이차적인 기표로 만들고 새로운 의미를 창출하는 것이다. 이 때 이차적인 기표를 시학에서는 이미지, 은유, 상징, 신화 등의 용어를 사용하면서 기존의 의미를 벗어나고 있다. 따라서 시의 감상이나 해석이나 비평은 바로 일차적 기표나 기의가 아니라 이차적 기표가 지시하는 정서나 사상의 내포적 세계를 확인하는 작업이 되는 것이다. 그렇다면 이영지 시조의 이차적 기표부터 살펴 볼 수 있다.
  말하자면 이영지 시조의 이미지나 상징적 기표들의 공통된 구조가 무엇인가를 읽어내는 일이 중요하다는 말이다.

달 먼저 떠오르면
해는 달, 따라 나와
달밑에 서서 있는

그 차례 하얀 차례
해는 달
함께 웃으면
하얀 웃음
보조개

해 먼저 볼 붉히면
달은 해, 따라 나와
해 밑에 활 활 화알
속 차례 분홍 차례
달은 해
함께 웃으면
분홍 웃음
보조개

- 「행복의 순위」에서

흰 눈을 소록소록 손으로 섣달그믐
오묘한 당신만을 만나려 검은 밤의
요정의
별들 흰옷을
설날에만 뿌리느라
이 아침

백합을 양손으로 상큼히 내리시샤
당신이 맵디매운 매운 얼 내리심이
하얀 설

>이슬은바다
>내리심이 되는 거
>
>― 「설날의 눈」에서

>한 점의
>아침 이슬
>여닫는 아침기침
>당신의 유자향기 햇살의 둥근 입안
>봄바람 한 점 라일락 기쁜 그늘
>안으려
>
>하얀 눈
>산 위에는
>눈부신 얼음 녹임
>흰 눈썹 그대 눈썹 흰 바람 옷자락의
>날개의 한가닥가닥 봄 한 점이
>나의 그
>
>― 「한 점」에서

인용한 위 작품들을 이차적 기표로 분석해 보면 「행복의 순위」에서는 해와 달의 상관적 관계를 서술하고 있다. 달아 먼저 떠오르면 해는 달 따라 나오고, 반대로 해가 먼저 볼을 붉히면 달은 해를 따라 나와 볼을 붉힌다는 내용이다. 그런데 달과 해의 관계는 대등한 순환이 아니라 서열적 질서의 관계다. 달과 해가 맞서는 관계가 아니라, 해 밑에 달이 서는 따라감의 관계다. 그렇다면 이러한 이차적 기표가 제시하는 이차적 기의는 무엇일까. 그것은 바로 너와 관계가 대등한 관계가 아니라 주종의 관계, 순종의 관계라고 해야 할 것이다. 여기서 해와 달을 시적 화자와 그 대상, 또는 시인과 시인의 신앙적 대상의 관계라고 한다면 신에 대한 순종, 신앙적 삶의 겸허를 내포적으로 지시하는 것이라 할 수 있다.

따라서 시의 제목인 『행복의 순위』는 절대자와 나, 당신과 나의 관계가 수평적 관계가 아니라 수직적 관계이며 이러한 서열적 관계에서 행복의 참된 의미를 찾고 있다고 보아야 할 것이다.「설날의 눈」에서도 나와 당신의 관계다. 그런데 나보다 당신은 절대적인 존재로 나에게 다가오는 것이다. 이 점은「한 점」에서도 마찬가지다. 그대 눈썹, 날개의 한가닥 봄 한점이 바로 '나의 그'가 된다는 것이다. 이것은 우주를 다스리시는 절대자의 섭리를 인격화해서 보여주고 있다고 해야 할 것이다.

4.

그런데 세 작품에서 공통적으로 강하게 부각되고 있는 것은 하얀 색의 이미지다.「행복의 순위」에서는 달과 해의 질서를 "하얀 차례"라고 했다. 또한 해와 달이 결합되는 결합의 과정에서도 "하얀 웃음"이 제시되고 있다 .둘째 연에서는 "분홍차례" "분홍웃음"이라는 말도 있다. 그만큼 색상이미지에 대한 다양성을 보이는 것이라고 할 수 있지만 「설날의 눈」에서는 "흰 눈" "흰 옷" "백합화" "하얀 설" 등을 나열하여 백색 이미지를 총동원하였다.

  다음 작품에서 이 시인의 백색 이미지의 문제는 시인의 시적 에스프리와 같은 관계에 있음을 확인할 수 있다.

>목덜미
>하아얗게
>드러내 하얀 웃음
>배시시
>눈웃음이 하아얗다
>물어도 대답 않고 하얀 웃음
>하얀 이
>
>하얀 속
>보입니다
>새까만
>밤이 깊어
>하얀 눈
>숲 달이 떠
>앞가슴 사이로
>하얗게
>비집고 들어 하얗게
>
>   - 「유혹」

>새하얀
>창가에서

머리에 흰 눈 오면
하얀 남자
하얀 가슴
빠알간 여름 들어
두 남녀
흰 물결 흰 바다위에
하얀 바퀴 흘러라

- 「강릉연가」

흰 옷을 입었어요
당
신을 뵈오려고
내 사슴
내 팔뚝을 하얗게 문신하고
흰 꽃을 뿌리 드리어
흰 못으로 박아서

원두막 오를까요
흰 배를 띄울까요
새하얀 흰 이마에
새하얀 흰 너울을
쓸까요 가득히 담아 날릴까요
그대여

눈이며 입술이며 흰 피로 내 사랑에
불꽃이 하얗게만 올라서 피어올라
흰 열풍 하얗게 피어 누에고치 만드실

- 「흰 옷」

「유혹」은 "하얀 목덜미" "하얀 눈웃음" "하얀 이"

"하얀 속" "하얀 숲" 등의 시어가 등장한다. 여기서 하얀 눈 숲이나 하얀 눈 서리는 자연적인 색감이기 때문에 당연한 것이지만 하얀 목덜미, 하얀 눈웃음, 하얀 속 등은 신체적 이미지로서 너무나 결벽스러운 순수함을 드러내고 있다. 백색 이미지가 갖는 상징성은 심리적으로 순결, 정결, 소박함, 냉정함 등으로 설명될 수 있다. 주체와 객체가 은빛화됨으로써 일체가 평호와 안정으로 합일되는 세계이기를 갈망하는 기원일수도 있다.

「흰 옷」은 "당신을 뵈오려고 흰 옷을 입고, 내 사슴 팔뚝을 희게 문신하고, 흰 꽃 뿌리드리우고, 마침내 눈이며 입술이며 흰 피로 …불꽃이 하얗게"이다. 그의 시는 절대자인 당신에 대한 신앙 고백의 절정을 이룬다. 우선 흰 옷을 입었다는 것이고 온 몸을 희게 문신하고 마침내 누에고치처럼 정결화 되기를 간절히 소망한다. 끝없는 자기고백, 속죄를 위한 고행의 몸부림, 그런 과정을 통하여 뜨거운 불꽃이 오히려 하얀 구원의 변신이기를 소망하고 있다.

이영지 시조는 신앙적 차원의 은빛 언어로 채색화 되어 있지만 신앙시가 빠지기 쉬운 교회적 강박관념이나 경건함의 엄숙함 보다는 오히려 서정적인 연가풍으로 되어 있다. 이러한 서정을 당신을 님으로 표현하면서 백색뿐만 아니라 붉은 색, 보라색, 푸른색 등을 동원하게 되고 해와 달, 하늘과 바다, 그리고 백합화, 목련꽃, 앵두꽃, 복사꽃, 꽃사슴 등의 사물들을 빈번히 소재로 인용하고 있다. 그만큼 시의 순수성을 시의 색상 이미지를 통하여 예술적으로 표현한다.

　겨울 하늘에 한 마리 학이 파아란 창공을 나르며 고고하게 우아하게 새하얀 날개를 펄럭이며 하늘으난다. 이미 지상은 하얀 눈으로 덮여 있고, 그래서 세계는 평화와 은총으로 가득찬 정결한 모습이다.　새벽 기도를 통한 그의 지속적인 상상력과 끈질긴 인내를 지켜볼 일이다.

□ 이영지 시조평

사랑의 반복

이병용(문학박사, 시인, 평론가)

> 동짓달 기나긴 밤을 한 허리를 베어내어
> 춘풍 이불 아래 서리서리 넣었다가
> 어른 님 오신 날 밤이여든 굽이굽이 펴리라
> － 황진이

> 한밤중 날 부르듯 한 길이 수를 놓아
> 당신이 훈풍 되듯 명월로 걸어놓아
> 여인의 햇빛으로 서
> 바람, 청명
> 수놓아
> － 李英芝 「수: 새벽기도·67」

Ⅰ 들어가며

동서고금의 여인에게서 사랑은 언제나 들이쉬는 생명의 숨결과도 같다. 특히 한국 여인들이 갖는 시혼詩魂으로 승화되어 인구에 회자하는 바, 나는 그 중에서 상단의 두 시조를 비교해보고 싶어졌다. 근자에 영화와 드라마로 다시 제작된 바 있어 한류의 중심에서

대중의 관심을 끌기에 충분한 역사적 인물 황진이^{黃眞}$_{伊}$는 무릇 예인^{藝人}의 본보기이다.

16세기 유교 조선에 태어난 황진이의 삶은 시조로 남겨져 시대를 초월하여 우리의 심금을 울려주고 있는 데, 그녀는 위의 시조에서 한 여인의 지고지순한 사랑을 빼어난 시각적 이미지로 잘 형상화하여 보여주고 있다.

이와 유사하게 '밤'과 '달'의 유기적 상상력을 통하여 유감없이 또 다른 경지를 보여주는 우리시대의 여류시인으로 모름지기 이영지^{李英芝}의 시조작품을 빼어 놓을 수 없다.

실제로 이영지의 연시조인 「꽃상여: 새벽기도·25」의 종장마다에는 "眞伊의 초례마당에 꽃신으로 타다가", "眞伊의 꽃신 데리고 꽃 혼 타고 나는 날", "眞伊의 다홍상여 / 꽃무덤 치마폭 詩 한 수로 꽃상여 나는 날"과 같은 운명적 진술을 통하여 시공간이 무색할 정도로 두 몸이 한 혼으로 만나고 있음을 확인할 수 있다.

왜냐하면 이들의 시적 묘사가 17세기 영국의 종교적 형이상학파 시인들의 수사적 장점을 많이 따르고 있는 까닭이기도 하거니와 시대를 달리하는 두 여인의 시적 상상력의 근간이 되는 여성적 삶의 절제된 긴장이 주는 전통미가 또한 흡사하기 때문이다.

Ⅱ 행복의 관상

이영지의 평생에 걸친 시작^{詩作}은 무엇보다도 종교시의 전형^{典型}을 이룬다.

그녀는 "-새벽기도"라는 연작시조를 무려 1570편 쓰고 있다. 신앙 형성의 문제를 기도 형식의 연작시조로 형상화한 종교시인 "새벽기도·1~1570"은 신앙과 문학이 일체가 된 오묘하고 힘찬 표현으로 말미암아 한국 시조문학사상 그 유래를 찾아보기가 힘든 귀중한 유산임이다.

시조집으로는 『행복의 순위』[1997], 『행복행 내님네』[1998], 『일곱 금 촛대 위의 행복』[1999], 『행복보라』[2000], 『두 천년을 사는 행복』[2001], 『키스하지 않은 결혼의 행복』[2002], 『하나님의 행복한 연출』[2004]의 일곱 권에 나누어 발표하고 있는데, 그 서두가 「행복의 순위: 새벽기도·1」에서 시작하여 그녀가 목사 안수식을 받는 감격을 토로한 「芝牧 사랑타: 새벽기도·1570- 목사안수식」에서 끝나 있다.

물론 나는 그녀의 기도로 형상화한 창작이 아직도 진행 중일 것이라는 심중^{心中}을 가지고 있지만, 현재까지 출간한 그녀의 시조집만을 중심으로 관찰하건데 그녀의 시 세계는 전반적으로 『두천년을 사는 행복』[2001]을 정점으로 하여 크게 달라지고 있음을 주목해볼 수 있다.

앞서 소개한 시조집들의 제목만으로 어림짐작하여도 이영지 시인의 관상은 행복이라는 단어로 모아진다. 시인의 첫 기도시조집인 『행복의 순위』의 서문에는 "일상의 모든 일들이 하나님의 일들과 시조의 이론과 연관시켜 연구하고 시 작업을 하게 됨에 이 행복의 순간들이 꿈만 같습니다"라는 간단하지만 그녀의 시업^{詩業} 전체를 총괄할 수 있는 시작 노트를 발견할 수 있다.

이것으로 시인은 '하나님에의 연정'을 문학으로 구체화하는 필생의 과업을 명시적으로 선언하고 있음을 알 수 있다. 다시 말해 이영지는 기독교시인으로 그녀의 삶을 새벽기도와 '인간의 개인적인 마음의 행복'을 투시하는 시인 본유의 사명을 합치시키는 시적 순례의 도정을 성공적으로 끝낸 것으로 이해할 수 있다.

특히 시인은 이 고독하고도 기나긴 역정에서 무수한 마음의 편린들 가운데 인간의 행복의 순위를 어느 것에 두느냐를 가지고 고심한 흔적을 아래의 대표적두 시편에서 찾아볼 수 있다.

    1-1)
    달 먼저 떠오르면
    해는 달, 따라 나와
    달밑에 서서 있는
    그 차례 하얀 차례
    해는 달
    하얗게 웃으면

하얀 웃음
보조개

해 먼저 볼 붉히면
달은 해, 따라 나와
해 밑에 활 활 활
속 차례 분홍차례
달은 해
함께 웃으면
분홍웃음
보조개
　　　　　　　　　　　－「행복의 순위: 새벽기도·1」 전문

1-2)
달 아래 달 얼굴이
비춘다 비춰준다
감사해 보았더니
별 얼굴 비춰준다
달빛은 별빛 되어라 달의 얼굴
별
되다
별 아래 별 얼굴이
비춘다 비춰준다
기도해 보았더니
해의 손 닥아 온다
별빛은 햇빛 되어라 별의 얼굴
해
되다
　　　　　　　　　　－「별빛다음: 새벽기도·1364」 전문

위의 연작시조에는 해와 달의 상관적 관계를 서술하고 있지만 시간의 경과와 더불어 발표된 숫자의 차이만큼 그 내용도 발전된 것으로 보인다. 우선 1-1)에는 "달 먼저"와 "해 먼저"의 어휘에서 드러나듯이 수평적 관계에서 자주 목격할 수 있는 '차례'에 의한 순서가 매겨져 있다.

그리고 "해는 달"과 "달은 해"에서 알 수 있듯이 달과 해는 등치관계의 순환을 보여주고 있다 즉, 달에 이어 해가 서고, 해에 이어 달이 서는 따라감의 관계로 시적 화자와 그 대상의 관계는 "하얀 차례", "속 차례"로 상징되는 선후先後에 의한 친밀하고 대등한 대립의 관계로 나타난다.

반면에 2-2)에서 "달 아래"와 "별 아래"는 수직적 관계를 나나내는 단어들로 서열적 질서의 관계를 보여주는 것으로 이해된다. 그러므로 시인과 시인의 신앙적 대상의 관계는 한층 성숙해져서 그 반응도 '감사'와 '기도'로 나타날 뿐만 아니라 '~되어라'와 '~되다'의 인과관계에서 확인되듯이 주종主從과 순종의 관계로 나아감을 느낄 수 있다.

이와 같이 李英芝의 연작시조에서 핵심적 상징으로 나타나는 달과 해의 상관적 관계에 대한 이차적 기의는 시적 화자와 그 대상 혹은 시인과 시인의 신앙적 대상의 관계로 이해할 수 있다.

그런데 시인이 정작 문제 삼는 '행복의 순위'는 애

초 시적 수사로서 당신과 나의 친밀한 관계가 수평적 관계이던 것이, 점차 신앙적 대상으로서 절대자와 나의 수직적 관계로 구축되어감에 따라 시적 세계가 다소 변모하고 있음을 살필 수 있다.

이것은 李英芝가 처음에 시인이자 문학연구자이던 신앙인의 태도에서 마침내는 목회자로 거듭나게 되므로 말미암은 어찌 보면 인생의 새로운 전환으로 빚어지는 당연한 결과인지도 모른다.

시인은 신앙적 삶의 겸허를 내포적으로 행복의 참된 의미를 초지일관 찾고 있다고 할 수 있는데, 그녀의 시심^{詩心}이 곧 종교적 구도의 염원임을 보여주는 다음의 작품은 시인의 종교적 자세를 이해하기 위해서는 매우 중요한 것이다.

    2-1)
    부름의
    흐름 폭을
    지나다 여미고도
    마지막 꽃잔만을 빙 둘러 다시 촛불
    앵두 빛 두 볼을 감싸 빛 새 날까 밤새다

    입술로
    대답하고
    이 아미 봄 숙이고
    이 푸른 벽돌에도 흐르는 이 아침을
    가슴의 파랑 너울로 흐르도록 봉황새

파아란 눈빛으로
분홍의 속살에도
등 뒤의 먼지만을 한 가닥 털어내는
머나먼 푸른 꿈 익어 봉황새의 청지기
- 「청지기: 새벽기도·23」 전문

2-2)
수천의 염원만이
훨훨 훨
타 나가며
다스려 은빛나래 엎드려 잠재우는
낚시대
이따금 하늘을 줍는 강태공

열리는 창가에는
즈믄 해 다스려질
금빛보다 더 귀한 부지런 부퍼오는
활화산
과녁 겨냥해
새 공기가 샘솟아
- 「새벽: 새벽기도·78」 전문

위의 시조에서 창조주를 섬기는 신앙인의 사명을 "청지기"와 "강태공"으로 비유하여 설명하고 있음을 알 수 있다. 2-1)에는 부름을 받은 청지기의 내면적 태도를 관찰할 수 있다.

이 시조에 나오는 청지기는 어둠을 밝히는 촛불을 꺼뜨려서도 안 되고, 아침을 노래하는 봉황새를 돌보는데 소홀해서도 안 된다.

 그렇기에 이 청지기는 영혼을 일깨우는 소임에 항상 게을리 하지 않는 분주하고도 결백한 생활 태도를 견지堅持하고 있는 것으로 비춰진다. 또한 2-2)에서 낚시대를 드리운 강태공이 나온다. 성경에 본시 어부였던 베드로가 물고기로 육신의 목숨을 잇기보다 예수님의 말씀으로 성령의 삶을 택한다. 마찬가지로 "하늘을 줍는 강태공"도 주지하다시피 물고기가 아닌 시간을 낚는 대가大家 낚시꾼답게 종말이 아닌 영원을 향한 "과녁"을 드리우고 있는 것이다.

 이와 같이 李英芝는 하오속세의 번잡함을 무시로 떨치고 어둠의 한가운데서 신앙의 불씨를 지키며 새벽의 여명과도 같은 영원의 행복한 시간을 예비하는 신앙인의 참삶을 살고 있는 것으로 보인다.

Ⅲ 그림자의 치유

 李英芝는 어둠의 청지기이고 달을 건지는 강태공의 자세로 지상의 삶 속에서 견인堅忍하며 영원의 행복한 언어를 불철주야 단근질해온 노련하고도 성숙한 시조시인이다.

 그녀는 최우선적으로 절대자의 존재를 확신하며 종교시인임을 일절 부인하지 않는다. 요한의 복음서 서문에 "일찌기 하나님을 본 사람은 없다"고 전한다.

그러나 李英芝는 그분의 모습을 마음 안의 빛처럼 지니고 있다. 그것은 다시 빛의 구심체인 해와 달을 통해 그림자적 존재인 피조물을 응시하는 그녀의 태도에서 여실히 드러난다.

태양 우러르듯 하나님 섬김과 달은 아버지의 품안에 계신 외아들인 예수 그리스도를 상징한다고 볼 수 있는데, 그 영광된 빛의 그림자 속에서 시인은 자신의 존재됨을 깨닫고 고통과 시련을 견뎌내며 완성된 자아를 만들어나가고 있다.

시인이 몸소 빛이 무엇인가를 느끼고 겪으며 쓴 종교적 체험을 확인할 수 있다.

    3-1)
    햇빛 그
    주님만이
    담긴 그
    밤을 지나
    꽃잎의 꽃순이로
    늘 만난 십자가의
    무늬에 등 닿는 찰나
    비 열린다
    비온다
                          - 「비 열매: 새벽기도·1227」의 3연

    3-2)
    채송화 누구인가
    달빛을 쏟아 부어

>   달님이 또 누군가
>   시 쓰는 그림자다
>   그림자 그늘아래에
>   그대 얼굴 비친다
>
>   늘 자고 일어나면 맛나가 수북수북
>   이슬과 같으리라 백합화 같으리라
>   가장 큰 꽃으로 피어 갖고 싶은 그대다
>
>   내 생애 뿌리깊이 깊이로 내려가서
>   내 생애 신기루의 높이로 피어나서
>   삼
>   빡히 나무 길이로
>   그늘아래 앉는다
>
>   - 「그늘아래: 새벽기도·1242」 전문

 위의 시조에서 모든 아름다운 것은 창조주의 모상^{模像}이며 그 생명은 영원에까지 이어지는 것임을 알레고리화하여 표현하고 있다. 3-1)에서 "밤"은 고난을 상징하는 것으로 그리스도가 인간의 죄를 대속하신 십자가를 통하여 빛 된 존재로 구원의 길을 열었음을 말해주고 있다. 시인은 상상력을 통하여 "꽃잎의 꽃순이"와 같은 사물의 어긋난 무늬에서도 십자가의 상징을 읽어내고 있을 뿐만 아니라 비^{雨}로 구체화한 물의 상징을 통하여 부활의 이미지를 그려내고 있다. 게다가 3-2)에서 시인은 보잘것없는 앉은뱅이 꽃의 존재감을 통하여 절대자의 존재를 형상화하고 있다.

하나님의 권능을 부여받은 피조물은 하나님의 그림자다 그리고 그 "그림자의 그늘아래"서 유추에 의해 "그대 얼굴", 즉 하나님의 존재를 발견하는 것은 너무도 당연한 소치이다. 요컨대 신앙의 핵심은 하나님과 피조물에 관한 근원적인 문제일 것이기 때문에 피조물의 그림자를 보고 추론적으로 '영원한 실제'요, '궁극원인'인 신의 존재에 대한 확신에 도달하는 기독교 변증론의 원리만큼은 그리 만만해 보이지 않지만, 그래도 李英芝가 원칙적인 시작^{詩作}에서는 그림자를 만드는 빛의 존재 혹은 절대자의 자취나 흔적을 더듬어 보며 찬양하는 수사적 방법을 주로 운용하고 있다.

 분석심리학자 융에 의하면 그림자란 인간의 발달 과정에서 자연스럽게 생기는 내적 충동이나 강박 관념, 인성의 역기능을 의미한다. 그것은 인성의 일부분으로 작용하거나 드러내지 않은 채 남아 있다가 때때로 우리가 전혀 예상하지 못한 방법으로 돌출하기도 한다.

 다시 말해 우리의 인성은 일생에 걸쳐서 그림자를 만든 감정이나 기대치, 경험과 서서히 혼합되게 마련인데, 이것을 유심히 살피지 않는다면, 그 혼합물은 결국 폭발을 일으키게 되는 것이다. 그러므로 자기의 그림자를 무시하거나 부정하는 사람은 자신의 자리에서 심각한 실패를 겪게 될 가능성이 높으므로 그것을 미연에 방지하기 위해서는 자기 그림자에 대한 면밀한 성찰이 필요하다.

하여 李英芝는 어둠 속에 드러난 인간적 존재의 내면에서 어두운 심리 상태와 같은 부정적 측면들을 추슬러나가는 새벽기도 예배에 정성을 쏟으며 자신의 고유한 소리를 식별해내어 작품화하고 있다.

다음의 시조들은 그와 같은 창작 또는 치유의 과정을 보여주는 대표적 작품들이다.

    4-1)
    내 손은 아주 약간 길이가 모자라서
    휘파람 노래지며
    널 향해 늘어나는
    길이를 휘이잉 당겨 빨갛도록 아프다

    그리움 그건 바로 내 여울 소리 때문
    너에의 이슬여울
    한 땀씩 모으느라
    수액을 빨아올리는 여름에도 그립다

    처음의 사랑뿐만 아니라 마지막인
    너와의 물밑대화 길이가 모자라서
    처음의 사랑만 아닌
    마지막인
    오오오
                    – 「모자라서: 새벽기도·1165」 전문

    4-2)
    복숭아
    꽃이파리 다 내린 날입니다

달빛이 수줍다고 귓불을 숨기면서
　　　하얀 비 소리꽃잎에 얼굴 묻는 소리 비(雨)

　　　접어둔
　　　소리 날며
　　　날아든 꽃 숨 속에
　　　천일의 천일곱을
　　　더하며
　　　내리는 시
　　　하얀 비 소리 꽃잎 시(時) 내 안 마음 소리 시(詩)
　　　　　　　　－「소리시(詩): 새벽기도·1191」 전문

  위의 시조에서 시적 화자는 자신의 심정 상태를 직시하며 구성진 소리를 곡진하게 빚어내고 있다. 4-1)에서 시인은 그림자를 형성하는 재료들인 욕망의 동기들을 모두 말하고 '길이'로 상징되는 내면의 모자람의 소리, 즉 "내 여울 소리"에 귀 기울이고 있음을 관찰할 수 있다. 한편 4-2)에는 내면의 풍경을 보여주는 "소리 비雨"가 다시 "소리 시詩"로 화하는 창작의 과정을 여실히 보여준다.

  물론 이 경우에도 작품의 심상은 시각적으로 묘사되어 시의 형식인 정형적인 운율은 곧 소리일 수밖에 없기에 소리 시, 즉 시조시時調詩로 완성하여 표현한다.

  종합하면 李英芝의 시조에 드러나는 시적 화자의 자기서사가 시인의 절제된 삶을 자연스럽게 보여주지만 빼어난 정형시로 시정詩情이 잘 갈무리되어 있으므로 음악적 혹은 더 나아가 종교적으로 승화되어 치유되어짐을 확인할 수 있다.

Ⅳ 삶의 변형

종교적 체험과 그에 따른 확신, 곧 인식과 실존의 변형은 어떻게 취급되어야 할까? 변형의 순간이 내포하고 있는 의미는 그러한 순간들을 체험한 사람들로 하여금 그들이 생각하고 있는 실재란 과연 무엇인가 하는 사실을 근본적으로 다시 묻게 한다. 실재에 관해서 새롭게 의식한다고 하는 사실은 여러 가지 차원의 변화를 의미한다. 하나님의 현존은 인간의 삶의 차원을 뛰어넘고 있기 때문에 그것은 우리 삶의 중심 속에서 더욱 생생하게, 더욱 확실하게 드러날 수 있다

신앙인에게 확신을 주는 그리스도의 현존에 중심을 두는 모든 변형들은 李英芝의 일생에도 영향력을 미치고 있다 결정적인 가치와 궁극성에 대한 관심이 사라져 버리고 말면 인간들은 자신의 존재를 고갈시켜 버리게 되며, 서로를 파괴하게 된다 李英芝의 믿음의 확신은 끝내는 그의 문학 속에서도 실존적인 변형의 역동성으로 작용하고 있는데 그러한 징후들을 포착할 수 있는 계기의 작품들로 아래의 예를 들 수 있다.

5-1)
후루루

내
안에서
돋아난 포플러 잎
소아를 버리고도 대아는 바다로 떠
나
를 늘
무지개로만 온 누리에
푸른 잎

           - 「돋아난: 새벽기도·994」전문

5-2)
오로지 하나있는 생명을 드리다
아직도 살아있는 사랑을 드리다
내 사람 하나님에게 드리리라

          - 「드리다: 새벽기도·1245」전문

 위의 시조들은 확신의 체험 속에서 자아의 확장이 이루어져서 궁극적인 사랑의 길로 나아가고 있음을 명명백백하게 보여준다. 5-1)에는 내면의 자아가 성숙하면서 이기적 자아에서 이타적 자아로의 상승적 변화를 겪게 됨을 알 수 있다 또한 5-2)에서 그리스도교적인 확신의 인식을 사랑의 길로 수용하고자 하는 실존적 변용의 태도를 접할 수 있다. 이 경우 영과 육의 분리에 의한 욕망의 사랑이 영과 육의 통합을 위한 헌신의 사랑으로 승화하는 사랑의 반복이 일어나게 된다. 그런데 그 반복은 어쩌면 참된 사랑에는 부지불식간에 신에의 섭리 같은 것이 움직이고 있는 것인지도 모른다.

 李英芝의 "새벽기도"에 수록되어 있는 1570편의 시편들은 궁극적으로 '사랑을 위한 반복'을 노래하는 연작시조라 할 수 있다. 李英芝는 기나긴 종교상의 편력을 거쳐, 마침내 2004년 10월, 목사 안수 식을 받는다. 이 무렵부터 그녀가 쓴 여러 시조들은 누가 보아도 분명한 종교시로 실로 불후의 명작이라 아니 할 수 없다.

 필자가 보기에 한국현대시조사에서 李英芝만큼 영육의 투쟁을 강렬하게 체험한 시인은 아마도 없을 것 같다.

 李英芝는 하나님의 은총에 의해 근원적인 자기自己를 발견한 감격을 다음과 같이 써내려가고 있다.

> 6-1)
> 세상에 가장 작은 가슴을 가졌습네 꽃으로 핀 이유는 당신을 위해섭네
> 당신을 담기 위하는 가장 작은 이읍네
>
> 평생을 하늘 담아 아아주 작아져서 하늘의 하얀 별이 내려서 하얗고 흰 꽃으로
> 아아주 은별 꽃 되어 아주 작아 있습네
>
> 누룽지 꽃이 되어 아아주 하얀 꽃이 땅에서 흔들리며
> 너에게 흔들리며
> 눈으로 은별 달아서 아주 작아 있습네
>   - 「별별꽃: 새벽기도·1420」 전문

6-2)
내 안에
하
하늘이 들어와 별 이랑의
둘레에 마알가안
거울이 비추면서

그날로
말할 줄 몰라 물을 줄을 몰라라

내 깊은 심장에서 그대가 반짝반짝
빛나며
손짓하는
오라고 손짓하는
그날에
어눌하게라도
말할 줄 몰라
몰라라

그러리 별 가루에 앉은 이 꽃 더미에
놀라며 아주 놀라 어줍게 말을 잃어
그리움 말할 줄 몰라
몰라 몰라
몰라라

― 「하늘: 새벽기도·1569」 전문

위의 시조들에는 하나님을 통하여 인간된 존재의 미약함을 깨닫고 구원의 확신을 반복하여 얻음으로써 결코 절망하지 않음을 잘 보여주고 있다. 6-1)에서 절대자와 피조물의 관계, 즉 '아래'를 모르고서는 '위'를 알 수 없음을 잘 설파하고 있다 그렇기에 '평생을 하늘 담아 아아주 작아져서'에서 살필 수 있듯이 지상의 가장 낮은 존재로 작아져서 수직의 가장 높은 존재의 신성함을 지극정성으로 경배할 수 있는 것이다. 반면에 6-2)에는 '하늘'을 주님으로 섬김으로 말미암아 비롯되는 황홀한 신비감을 찬양으로 노래하고 있다.

다시 말해 시인은 평생을 관상적 차원에서 하나님을 받아들이면서 비로소 지상너머의 영원한 순간, 곧 궁극적 행복에 마침내 다다른 것으로 보인다.

Ⅴ 나오며

李英芝는 연작시조「:새벽기도 1~1570」로 종교시인의 초석을 굳건하게 다져온 여류시조시인이다. 이 연작시조는 1997년부터 2004년까지 8년에 걸쳐 무려 7권의 시조집으로 간행되었는데, 한국현대시조사에서 그 크기와 깊이에서 단연 손꼽히는 수작이라 할 수 있다.

李英芝는 문학박사학위 논문인『이상시 연구』로 이미 잘 알려져 있지만, 시조에 관한『한국시조문학연구』·『시조창작리듬론』·『시조문예미학』의 연구서를 통하여 한국시조의 가능성을 널리 알려온 대표적 시조학자이기도 하다.

그런 만큼 그녀의 실제 창작 활동에 있어서도 시조의 운율로 실험할 수 있는 아주 정형률을 지키고 있으며 맛깔 있는 시어를 통하여 종교적 주제를 심화시킴으로써 시조세계의 독자적 경지를 개척한 것으로 정평이 나있다.

李英芝의 시조에는 '해'와 '달' 또는 '빛'과 '어둠'의 상관적 관계가 두드러지므로, 연작시조의 전반부와 후반부에서 차이를 다소 보이고 있는 이들 심상의 변화에 주목하여 그 내용의 본질을 규명해보고자 하였다. 즉, 전자의 시편들은 친밀함에 의한 수평의 관계를 보여주므로 연애시의 범주를 따르지만, 후자에 점차 다가갈수록 하나님과의 수직적 관계로 인한 종교시의 전형을 따르고 있음을 알 수 있었다.

李英芝는 현상적 그림자를 관찰하면서 절대자의 존재를 확신하며 내면의 부정적 측면들을 치유해나갈 수 있었고, 그 결과 궁극적인 행복에 도달하는 아름다운 관상의 시작詩作을 몸소 실천해 보여준 우리시대의 소중한 시조시인이다.

실로 그 놀라운 문학적 역정에 누구나 찬사를 보내지 않을 수 없다 다만 그녀의 혼신인 '-새벽기도'에 걸맞은 작품 연구가 아직 본격적으로 시작되지 않고 있다는 것이 문제인데, 미력하나마 필자가 그 운을 띠운 것으로 아쉬움을 대신하기로 한다.

□ 이영지 시조집 평

사랑치유의 영원한 행복
: 이영지 론(2)

이병용(문학박사, 시인, 평론가)

나무를
심으리라
한 그루 심어놓고 기다림 심으리다

둘레를
심으
리다

사랑 법 심어드리니
사랑 올 때
보이소
　　　　　　　　　－「사랑 법-새벽기도・1715 전문」

그런즉 믿음, 소망, 사랑, 이 세 가지는 항상 있을 것인데
그 중에 제일은 사랑이라
　　　　　　　　　　　－「고린도전서 13장 13절」

Ⅰ 들어가며: 사랑시야視野

나는 지금 끝나지 않을 것만 같은 사랑의 시조집을 읽고 있는 중이다. 누구나 가슴 저미게 하는 동서고금의 위대한 사랑은 그 절실한 울림으로 말미암아 못내 여운을 남긴다. 우리는 그 시공간적 다양성의 각별한 의미로 말미암아 불멸의 위대한 사랑, 즉 영원한 사랑을 동경하게 된다. 이영지의 그 근작 시조집 『행복의 물을 먹으며, 사랑으로』창조문학사, 2008는 행복한 사랑의 질서를 보여주는 일련의 종교시들로 이루어져 있다 그녀는 첫 시조집 『하오의 벨소리』를 제외하고 그 이후로 초지일관 「새벽기도」와 관련된 연작시조를 발표해왔는데, 작금에 와서 그 수가 무려 8권의 시조집에 해당하는 1727편에 이르고 있다.

한국 근대 시조시時調詩에 있어서 한 주제로 대작大作을 엮은 사례를 찾아보기란 그리 쉽지 않다. 그런 면에서 이영지의 「새벽기도.1~1727(?)」는 일관된 '사랑'의 주제를 가지고 다층의 변모를 보여주는 역작이 아닐 수 없다[1]. 또한 다른 한편에서 그녀의 '사랑시조'편들은 한국 기독교 종교시의 전범典範을 이룬다. 그러므로 그녀의 연작시조의 형식적 '크기'는 다시 종교시라는 내용의 '깊이'와 만나면서 시인 자신이 경험적으

---

[1] 이병용, 「사랑을 위한 반복: 이영지 론(1)」 (『시조문학』 2007년 겨울호) pp 238-254 참고

로 말하는 '사랑시야' 「사랑시야^{視野} 새벽기도.1716」를 터득한다. 시인은 '사랑시야^{詩野}'란 '사랑시야^{視野}'라는 관계식을 통하여 시조의 미학적 비전을 몸소 사랑으로 형상화하려는 소명을 완수한 것으로 볼 수 있다.

나는 부지불식간^{不知不識間}에 이영지 시인의 심상이 한 마디로 '사랑 법'이라는 결론에 도달하게 되었다. 게다가 나는 시인의 '사랑 법'이 근원의 사랑을 노래하던 감성적 습성으로부터 점차 종교적인 사랑의 이타적 실천으로 확장해나가고 있는 자아의 성숙한 변천을 주목하지 않을 수 없었다[2]. 사실 세속적 연애시의 관습을 따르던 시인의 초기 작품 세계도 후기로 나아가면서 확연히 달라져 본격적인 종교시의 면면^{綿綿}들로 구체적인 윤곽을 드러내고 있음이 목도되고 있다. 따라서 이 글은 독실한 신앙을 가진 시인 필생의 사랑의 요체와 그 변주법을 면밀하게 궁구해 보는 것을 일차적인 목표로 하기로 한다. 그렇기에 나는 성서에 나오는 「고린도전서」 13장의 한 구절을 빌려서 시인의 작품 세계가, 첫째 믿음을 어떻게 형상화하고 있는가, 둘째 소망의 마음 상태는 어떠한가, 그리고 마지막으로 사랑의 언약으로 행복이 어떻게 구현되고 있는가를 고찰해보기로 한다.

---

[2] 실제로 이영지는 문학인에서 목회자로 거듭났다고 볼 수 있다. 그녀는 현재 '영예문학교회'의 목사로서 자비량 교회운영에 정성을 쏟고 있다. 이와 같은 주체 구성의 변화는 시작 태도의 변화로 이어질 수 있다.

Ⅱ 믿음: 청지기적 사명

믿음은 영혼의 소경들이 진리를 보도록 만들어준다. 이 때 진리는 우리의 근원이요, 우리 영혼을 잉태한 토양과 같다. 우리는 그 진리를 추구하지만, 장님과 다를 바 없는 미약한 존재자인 인간이 우주와 같은 거대한 진리의 실재實在를 어떻게 밝혀낼 수 있단 말인가? 그 발원을 이영지 시인은 하나님의 형상성으로부터 시작하고 있음을 다음의 단시조가 확인시켜주고 있다.

　　1)
　이 나의 하나님이 얼굴에 씨줄 날줄 한 겹씩 넣으시면 가로로 세로로 짠 눈썹이 두 개 나란히 그려지고 귀 쫑긋
　　　　　　　　　　－「사랑 쫑긋－새벽기도・1647 전문」

위의 시조는 창조주인 하나님이 스스로의 형상을 입혀서 피조물인 인간을 창조하신 거룩한 행위를 연상시킨다. 그러나 '얼굴'의 형상은 '씨줄'과 '날줄'로 얽힌 복합물로 표현되어 있어 그 구성의 질감을 단번에 파악할 수 없다. 또한 '눈썹'과 '귀'와 같은 신체의 부분들의 나열만 반복되어 있어 얼굴의 정확한 모습도 그려볼 수 없다. 실제로 시조집 속에서 몸을 형성하는 신체의 부분들로는 눈(동자)・머리・이마・(속)눈썹・볼・뺨・보조개・목(덜미)・가슴・심장・배・배꼽・등・살(갗)・

손·엄지손가락·발·꼬리·귀·코·입·입술 등이 언급되고 있다. 이러한 신체 부위들은 각각의 시편들로 나누어져 세부적인 이미지를 정밀하게 그려 나가지만, 전체적인 몸의 형상을 일괄적으로 구성하는 방식은 아니다. 그럼에도 불구하고 우리는 부분의 합이 전체 또는 그 이상을 구성할 수 있다는 전일론적 혹은 통전적(holistic)인 사고를 할 수 있는 이성적 능력을 보유하고 있다. 다시 말해 우리가 익히 알고 있는 '장님의 코끼리 만지기'의 비유에서처럼 통찰력을 십분 발휘하여 '각자' 혹은 '부분'의 경험을 올바르게 조합한다면 존재의 실상에 제대로 접근할 수 있는 것이다. 따라서 시조집의 여기저기에 산재하는 신체기관의 이미지들을 유기적으로 종합하면 하나님의 임재를 여실하게 보여주는 완전한 형상으로 탈바꿈되어 믿음의 확실한 전거典據가 된다.

이와 같이 이영지는 믿음의 대상인 유일한 존재의 형상을 동원할 수 있는 신체 부분의 총합으로 지탱가능한 몸성을 어떻게든 복원해내려는 혼신의 노력을 보이고 있다. 왜냐하면 그녀에게 있어 믿음은 하나의 절대적인 대상의 발견이요, 그로부터 시작되는 기나긴 시작詩作 과정을 통해 그 대상을 온전한 형상으로 완성하여 그녀의 믿음을 구체화하는 실천의 방편이기 때문이다. 그러므로 그 방법도 주로 '몸의 형상'을 감지해낼 수 있는 감각 기관과 그 지각 작용을 중시하고 있는데, 시인이 사용하고 있는 시조시 이미저리의 문법이 어떠한지 아래의 예를 통하여 정리해보기로 한다.

    2-ⅰ)
    어여쁜 연분홍 볼 연분홍 살 얻으면
                                      - 「꽃 따라 길을 가다」

    햇볕이
    등에 붙어
    따듯한 말을 한다.
                                              - 「사랑햇볕」

    ⅱ)
    새파란 손으로 내민 하늘 잎의
    내음새
                                                - 「사랑이면」

    봄 곁에
    봄의 손이
    봄 꽃씨
    심어놓아
                                                - 「봄 손」

    ⅲ)
    행복이 하얘질랴
    입술이 부풀도록 그릴랴
                                                - 「사랑병」

    빠알간 잎술을 열어
    주렁주렁
    웃음을
                                        - 「행복잎·사랑입」

ⅳ)
파도의 발걸음이
바람의 목소리로

- 「바다구슬」

사랑의
사람 음성 들리면
물이 이네

- 「사랑 음성 들리면」

위의 시구^{詩句}에는 한 눈에도 시각, 청각, 후각, 미각, 촉각 등과 같은 오감^{五感}의 이미저리들을 최대한 활용하여 묘사하고 있는 것을 알 수 있다. 뿐만 아니라 대부분의 경우 두 가지 이상의 감각적 이미지를 즐겨 사용하므로 공감각적인 효과를 극대화하고 있있다. 2-ⅰ)에서 신체 부위를 형용사와 서술어를 사용하여 감각적 이미지로 확장하고 있다 즉 '연분홍'이라는 색채 형용사로 신체언어를 수식하면 시각적 이미지가 되고, 이와는 달리 '등'이란 신체언어를 '붙어'라는 서술어로 표현하면 촉각을 나타내는 이미지가 된다. ⅱ)에서 '새파란 손'은 본래 손의 뜻이지만, '봄의 손'은 비유적인 뜻이다 전자는 색채형용사의 수식에 의한 시각적 이미지에서 '내음새'라는 후각적 이미지로 전환한다.면, 후자는 비유적 주체인 '손'이 '꽃씨'를 심는 구체적 행위를 기술하고 있다. ⅲ)에서 '입술이'는 주격 조사가, '잎술을'은 목적격 조사로 사용되고 있다. 전자는 '부풀도록'이라는 서술어에 의해, 후자는 색채언어와 의태어의 수식에 의한 시각적인 이미지로 표현되어 있다. iv)에서 앞의 문장은 단문이지만, 뒤의 문장은 조건절이 포함된 복문이다 둘 다 청각적인 이미지를 잘 활용하고 있다.

이상에서 살펴본 바와 같이 이영지의 시적 수사는 구문을 다양하게 병치할 뿐만 아니라 감각적인 이미지의 복합적인 결합으로 신체기관의 단조로운 묘사에서 탈피하여 위대한 존재자의 궁극적인 형상성을 가시화하는데 이상적으로 기여하고 있음을 알 수 있다 이영지의 종교시에서 무엇보다도 창조주와 피조물의 상호 관계를 파악하는 것은 그 시혼詩魂을 규명하는 핵심이다. 그리고 그 문제의 발단은 존재자의 분리에서 비롯되지만, 창조주의 '영'과 피조물의 '몸'은 친밀함을 형성하여 사실상 하나의 구성체를 운용한다. 다시 말해 그녀의 시조에서 창조주의 형상은 태양(햇빛)·(반)달(빛)·흰 눈과 같은 '영성'으로 나타나고, 피조물의 형상은 꽃·산·나무·새·사슴·책·별 등과 같은 '몸성'으로 표현되어지는데, 그 길항 관계를 짐작할 수 있는 예로 아래의 시조들을 살펴보기로 한다.

    3-ⅰ)
    그대의 문지기로
    햇빛이 제일먼저 나무에 돌아들면
    그대는 커다랗게

태양을 가득 실어와 노래 얹어 주었오
　　　　　　　　　－「산-새벽기도·1572」 중에서

ii)
햇
빛을 잘 받은 새 안고서 누워보면
금시 곧 열이 묻어 꿈 망울 피어
나는
나는 새
날개를 펴고 날고 있다 햇빛
새
　　　　－「사랑햇빛 행복 새-새벽기도·1618」 중에서

iii)
흰 눈이
내리는 날 온 산이 하얘지며
내려온 행복함을 펄펄펄 끓게 하며
사랑을 껴안고 있는 날을
눈빛 날개
쌓이어
　　　　　－「행복한 사람-새벽기도·1584」 중에서

　우선 위의 시조 3-i)과 ii)에서 주체들이 '그대'와 '나'로 명시적으로 드러나고 있고, '문지기'라는 구체적인 시어를 통하여 그 관계성도 엿볼 수 있다 '햇빛'으로 상징되는 창조주의 영성(뜻)은 곧 그대로 '나'라는 시적 화자의 몸성(생명)으로 전이되어 개별 작품들에서 각자 '나무'와 '새'로 등장한다. 또한 그 시정^{詩情}

도 '노래'와 '꿈'과 같은 충만함으로 가득한 정조로 갈 무리되고 있어 두 주체 간의 친밀성을 확인할 수 있다. 그리하여 ⅲ)에서 하나님의 사랑의 복음이 '흰 눈'으로 상징되어 지상을 행복의 축복으로 가득하게 변화시킬 수 있게 된다.

여기에서 이영지의 '믿음' 시편들은 신의 뜻을 좇는 유한자 인간의 소임을 다하려는 한결같은 염원에서 비롯되고 있다는 것을 간과할 수 없다. 최고의 예술가인 하나님이 창조를 통하여 피조물의 인간에게 자신의 형상을 부여했다면, 그 보답으로 인간은 청지기적 사명으로 하나님의 인격을 확고한 믿음으로 올바르게 회복하여야만 할 것이다. 하여 누구보다도 믿음을 확신하는 시인은 모든 감각을 동원하여 하나님의 존재를 그 자체로 언제나 느끼고 있고, 더 나아가 하나님의 영성을 자신의 생명으로 받아들여 이성과 감성의 조화를 통한 영육간의 통합을 유기적으로 이룩할 수가 있다.

Ⅲ 소망: 마음의 생태(신비)

지상의 속된 구속에서 영성의 참생명을 바라는 이영지 시인의 간절한 소망은 미망의 현실을 바꾸려는 진솔한 마음의 힘으로 구현되어 있다. 이 경우 마치 시인의 마음은 정원이며, 시인은 정원사와 같이 비유

할 수 있다. 시인은 그 정원을 잘 가꿀 수도 있고, 아니면 황량한대로 내팽개쳐 둘 수도 있다. 왜냐하면 시인의 시어는 만 가지의 상상을 통하여 생명을 건강하게 지탱할 수 있는 생태환경을 조성할 수 있기 때문이다. 시인은 그 정원에서 심은 대로 거두어들이게 되는 것인데, 우리가 관심을 두는 이영지 시인의 소망도 아래와 같은 심상^{心狀}에서 빚어지는 마음의 신비한 언어 작용이라 할 수 있다.

> 4-ⅰ)
> 맑은 물
> 마음 하늘
> 그 사일 거닐면서
> 마음의 하늘에서 사랑이 솟아나는
> - 「사랑시 인-새벽기도・1708」 중에서

> ⅱ)
> 사랑의 옷자락 끝
> 한 올만 나를 주오
> 봄빛이 닿는 거기 세밀한 언어들의
> 사랑의 숨소릴 들어 두근두근 하아오
> - 「사랑봄행복길-새벽기도・1619」 중에서

위의 시조 구절에서 시인의 마음 운용은 두 말할 나위 없이 삶의 방편이지만, 끝내는 시심^{詩心}으로 발전하고 있음도 관찰할 수 있다. 4-ⅰ)에서 맑은 심정에서 사랑의 감정이 솟아남을 토로하고 있다. 이와는 달리 ⅱ)에서 시인은 일단 시어를 조탁하며 감정을 추슬러 보고 있다. 종합하면 시인의 정신 메카니즘은 우선 마음의 정화를 통하여 시정詩情을 고르고, 다음으로 시작時作을 통하여 삶의 숨소리마저 반성적으로 조율하고 있는 일상적 모습을 보여준다고 할 수 있다.

　이영지의 '소망' 시편들은 삶 속에서의 성찰을 고스란히 담아내는 철저한 내적 여정을 보여준다. 이것은 시인이 자신의 마음이 어떻게 움직이는지에 대한 깨어 있는 의식을 반영한다. 이러한 시인의 관상은 특별히 '빛(색)'과 '물'의 유동적인 이미지로 형상화하여 그 다채로운 마음의 상태, 즉 '행복'을 구체화하여 보여준다고 할 수 있다 우선 '빛(색)'은 창조주의 모상으로부터 출현하는 것이다 사실 이영지의 시작詩作의 제목에 한결같이 「새벽기도」가 들어있음으로 미루어보아 이영지의 시조에서 색상의 이미지는 단순한 시인의 심리만을 특화한 것이 아닌 영적 환상의 심오함을 보여주는 수사적 표현으로 보아 마땅하다. 그 색상의 시어로 사용된 예를 들면, 보라색「도라지」「가을이면」·(연)분홍「꽃 따라 길을 가다」「분홍호수」·흰「행복한 사람」「바다구슬」-하아얀「신부」「협주곡」「가을이면」·붉은「고마와요」)·(새)파란「행복필리리」「분홍호수」「가을이면」「사랑스며들자」「사랑달의 연인」-푸른「행복눈썹편지」·(새)빨갛다「가을호수」「사랑꽃비가 행복내립니다」·노란「가을호수」「사랑달의 연인」·은색「가을이면」「사랑물나비비」·초록「사랑물나비비」「초록사랑덩이」등을 들 수 있다.

이처럼 같은 색도 구체적 상황을 통하여 시인의 비전을 가시화하는데 효과적인 수사로 활용하고 있다. 다음으로 '물'은 피조물의 존재적 연결을 구체화하는 단계적 상태를 보여준다. 물은 고체-액체-기체의 유동적이고도 상승적인 단계를 거치게 되는데, 피조물이 순간적으로 처한 존재 상태가 어찌 보면 그와 같을 수도 있을 것이다. 그러므로 이영지의 시편에서 눈물·비·바다 등으로 유전流轉하는 물의 심상은 곧 존재의 변환을 위한 고통과 시련의 과정으로 이해할 수 있다. 그러면 이러한 면모를 엿볼 수 있는 가장 대표적인 시조들로 다음의 작품을 살펴보기로 한다.

5-ⅰ)
행복이 엎드렸을

반달을
감청푸른 하늘에
달콤하게

반쯤을 찾느라고
반쯤은 곰삭아 있는 노랑고도 분홍의

사랑이 엎드렸을
끝 푸른
귀를 열고 하늘을 밝히느라 하늘의
노란 창의
반쯤은 행복 잠이 든 노랑고도 분홍의

반달로 엎드렸을
청 푸름 빌려다가
물에 떠 초롱불을 켜들고 반달 귀를
쫑긋 펴 하늘 위로 가
노랗고도
분홍의
                  - 「사랑반달 행복찾기-새벽기도·1607」 전문

ii)
물기둥
하늘로만 오르는 버릇이다
과수원 하늘열매
꿈으로
반쯤 감고

마지막
남은 반쪽은
기둥으로
서 있다
                  - 「행복과수원-새벽기도·1632」 전문

iii)
물들이
빨주노초
꽃물의 기둥으로
파남보 버릇으로
웃음의 유혹으로

솟아서
빨주노초파남

> 보라
> 꽃이
> 솟는다

− 「물사랑기둥−새벽기도・1635」 전문

위의 시조에서 '빛'과 '물'의 이미지가 단편적으로 사용될 때는 각각 본유적으로 기능하기도 하지만, 전체적인 얼개로 보아 요소요소에서 유기적으로 상호 작용하고 있음도 동시에 살필 수 있다 5-ⅰ)에서 먼저 '반달'은 '행복'과 '사랑'을 감지하고 있는 영성체이다 시인은 두 가지 두드러진 색상 대조를 통하여 중심과 주변의 경계를 분명히 구별하고 있다 다시 말해 바탕이 되는 하늘은 '감청푸른'・'끝 푸른'・'청 푸른'으로, 그리고 그 중심에 자리를 틀고 있는 반달을 '노랗고도 분홍'으로 묘사하고 있다. 이것을 색채 심리의 관점에서 다시 분석하면, 파랑은 슬픔과 우울과 죽음을, 노랑은 기쁨을 그리고 분홍은 행복을 상징한다. 결국 반달은 항상 기쁨과 행복을 전하며 주변의 슬픔과 우울과 죽음을 불식시키는 거룩한 존재임을 나타낸다. ⅱ)에서 물은 '하늘로만 오르는 버릇'이라는 서술에 의해서 고체−액체−기체로의 상승적 변환을 시사하고 있다. 그런데 그 물은 다시 '꿈'과 '기둥'으로 양분된 상태로 존재한다. 여기서 '꿈'은 상위 단계를, '기둥'은 하위 단계를 상징한다. 이영지의 시조에서 물은 피조물 존재의 연쇄를 보여주는 대표적 매개체인데, 그것을 특히 인간으로 상정想定한다면 '꿈'은 영혼을, '기둥'은 몸을 나타낸다. 상승하려는 영혼과 하강한 채 머무는 몸의 분리는 곧 합일에 이르지 못한 영과 육의 반목을 의미한다. 하지만 ⅲ)에서 물이 완전히 솟아남으로써 영과 육이 하나로 상승하여 궁극적 합일에 이르는 것을 무지개의 일곱 가지 색과 같은 극적 수사로 서술하고 있다.

지금까지 내용을 종합하면 이영지 시인의 영적 환상은 각각 상황마다 달리 표현하던 빛(색상)을 합쳐 마침내 칠색 무지개라는 고도의 상징을 통해 통전적인 영성을 완성하고 있다. 물은 '꿈'의 영혼과 '기둥'의 몸이 합쳐져 끝내는 물성이 변환됨으로써 존재의 상승적인 전환을 가져오게 된다. 존재의 상승 변환은 세속의 타성에 젖은 '마음'을 치유하지 않고는 불가능하다. 이영지의 '소망' 시편에서는 끊임없는 신앙인의 수련에 의한 치유의 과정이 여실이 드러나는데, 그 가운데 가장 도드라지는 것이 바로 '웃음의 치유'다. 성경에는 실제로 창조주의 웃음에 대한 명시적인 구절이 나오지 않는다. 그러나 우리가 하나님의 행적을 더듬어보면 그분의 모든 창조의 행위는 다름 아닌 웃음으로 드러난다. 「창세기」 1장 마지막 절에 "하나님이 손수 만드신 모든 것을 보시니, 보시기에 참 좋았다". 바로 이 표현 속에서 하나님의 웃음을 어렵지 않게 상상할 수 있다. 비약하면 하나님은 웃음을 창조하셨고, 지상에서 하나님 나라의 완성도 심각함이나 엄숙함보다는 기쁨과 웃음 속에서 이루어진다. 이영지의 '소망' 시편에서도 '빛'과 '물'의 관상에 의한 존재의 행복한 변환은 결국 웃음으로 확연하게 밝혀지게 되는데, 그러한 시조의 좋은 예로 아래의 작품들을 꼽을 수 있다.

    6-ⅰ)
    해에다
    물을 섞어 아침을
    사랑 띠를

    햇살이 살집 안에 햇볕을 널어놓아
    숨구멍 하나하나에 별이 송송
    사랑 띠

    웃음에 별이 뜨고 울음이 앉는다며
    예쁘게 콩콩거릴
    바람의
    물방울이 숨구멍 햇살을 열러 포롱포롱
    사랑 띠
                   - 「사랑 띠를 매-새벽기도·1629」 전문

    ⅱ)
    웃음의
    사랑 봐 다
    하늘의
    사랑 봐 다
    웃음을 바다에다

철
철
철
뿌려
뿌려
바다가 몽땅 채워
씻어져
내리느라고 해당화가 웃는다

- 「사랑 봐 다-새벽기도 · 1706」 전문

위의 시조에서 웃음은 저마다의 서사 진행에서 결정적인 국면 전환을 가져오며 시적 긴장과 갈등을 해소시키고 있음을 살필 수 있다. 6-ⅰ)에서 우선 '해'의 영성에 의해 '물'의 존재성을 변화시킬 때 혹은 '햇살'의 영성체 안에 '별'의 몸성을 의탁할 때조차도 이들의 관계를 묶고 있는 것은 다름 아닌 '사랑 띠'라는 진술이 먼저 나온다. 그리고 개별자인 별은 '웃음'으로 '울음'을 잠재우고 사랑의 주체로 정립할 수 있음도 보여준다. 또한 ⅱ)에서 병치 관계의 두 시문에서 '웃음'='하늘'이라는 등식을 얻을 수 있다 즉 웃음의 주체가 하늘이고 보면 그 무한한 하늘웃음의 사랑은 광활하지만 황량한 '바다'도 다 채워 씻길 수 있다는 것이다. 이 놀라운 은총으로 말미암아 바닷가의 척박한 모래땅에서 자라는 '해당화'마저도 더불어 웃을 수 있다는 것은 그야말로 사랑의 전면적 치유에 대한 최고의 마음 찬양이라 하지 않을 수 없다.

Ⅳ 사랑: 행복의 언약

　인간이 살아가는데 행복을 필요로 한다. 삶의 궁극적인 목표가 행복이라면, 우리는 행복을 어떻게 정의 내리고, 또한 어떻게 찾을 것인가? 행복은 신의 선물인가, 아니면 실존적으로 탐구해야 할 그 무엇인가? 어느 철학자가 던져준 그 명제에서처럼 아마도 행복이란 정복의 대상이 아닌 우리를 온전히 만족시키고 완전한 충족을 가져다주는 그런 사랑의 실천에서 찾아야 한다. 이영지의 '사랑' 시편의 행복 추구는 "하나님이 사랑이시다"라는 다분히 종교적이지만 동시에 보편적인 그녀 나름의 '사랑 법'(「사랑 법-새벽기도.1715」)에서 찾고 있다. 그녀의 그 시법을 따르면, 하나님의 사랑으로 우리를 지으셨고, 사랑으로 우리를 돌봐주시기 때문에, 인간이 하나님께로부터 와서 다시 그분에게로 돌아가야 하는 이상, 궁극적인 행복은 결국 사랑일수밖에 없다는 것이다. 그 사랑의 언술행위는 결국 하나님과 인간의 언약 관계로부터 출발하고 있는데, 이영지의 그러한 생각을 엿볼 수 있는 대표 시조로 아래의 두엇 작품들을 참고할 수 있다.

　　　7-ⅰ)
　　　이리로
　　　와
　　　누으라

하시곤
일으키신
하늘의 약속이다

- 「사랑버릇-새벽기도·1709」 중에서

ii)
가슴에 불을 달고
온
봄이
짜안
사랑의 돛이어라
닻올린 5월로만
웃어준 빛의 언약은 사랑의 물
이랑의

- 「짜안-새벽기도·1703」 중에서

위의 시구에서 공통적인 계약의 행위는 어떤 의미에서 일방적이고도 수직적인 관계로 드러나고 있다. 7-ⅰ)에서 피조물과 '약속'하는 또 다른 주체가 '하늘'과 같은 인간과는 감히 비교할 수 없는 존귀한 지위의 존재성을 가지고 있다. 동사 '누으라'와 '일으키신'에서 알 수 있듯이 '하늘'은 능동적으로 '약속'을 정(명령)하고 또 그것을 몸소 실천 하신다. ⅱ)에서 쌍방간에 용인하는 '언약'은 '빛'과 같이 세속적인 잣대로서 절대로 평가를 내릴 수 없는 내용의 것이다. 게다가 '빛'의 화신인 '불'로 인해 역시 계절('봄')의 이행이 능동적으로 이루어진다. 그러므로 '봄'='사랑의 돛'이고, '빛의 언약'='사랑'이라는 서사의 흐름도 무리^{無理} 없이 전개되고 있다. 이와는 달리 두 시조의 시적 화자는 명실 공^{共}히 수동적으로 '약속'과 '언약'을 받들며 섬기고 있을 따름이다.

  물론 사랑을 육체적·감정적 사랑의 에로스(*Eros*), 심리적·사회적 사랑의 필레(*Phile*), 그리고 영적·신적 사랑의 아가페(*Agape*)로 구분하여 조명할 수도 있겠지만, 이영지의 경우 사랑은 마땅히 하나님의 사랑을 중심에 두고 있다. 이와 같은 사랑의 반대말로 '증오'가 아니라 '자기중심'인 것이 규정되므로, 그 사랑은 주체와 타자 간에 주고받는 대등한 행위라기보다는 오히려 절대적인 헌신에 가까운 것으로 이해할 수 있다. 하나님의 사랑을 문학인으로써 감성으로 체험하고 또한 목회자로써 다시 영성으로 소생해서 실천하는 이영지에게 사랑은 흘러가는 세월 속에서도 결코 소극적인 의미로 축소되지 않았다. 기실 그녀의 사랑은 보다 적극적인 행복의 관상으로 부단히 확장하게 되는데, 하나님 사랑의 언약으로써 그 깊이를 헤아릴 수 없을 것만 같은 행복의 양상이 이영지의 작품 세계에서 구체적으로 어떻게 개진되고 있는지를 아래의 시조들을 중심으로 정리해보기로 한다.

    8-ⅰ)
    사랑의 가슴으로만

행복가슴
- 「행복필리리-새벽기도・1591」 중에서

ii)
사랑이 앉으신다
약간은 오른손을 구부려 주먹 쥐자
행복은
이끌려서

그 안에 아주 깊숙이 들어가서 앉는다
- 「사랑바다 행복-새벽기도・1617」 중에서

iii)
사
랑
의
비단방석
사슴의
눈이 된다

비늘이 벗겨지자 아침의 미소로 온
행복이 손을 이끌면 암 사슴의
꽃비로
- 「비단방석-새벽기도・1579」 중에서」

iv)
허리를 돌릴 때와 꽃 보라 철쭉보라 물결이 울렁울렁 행복이 몽올몽올
사랑 잎 함께 어울려 행복으로 돌리며

허리를 돌리느라 사랑이 행복 감고 봄빛을 불러오니 아아아 어
　지러워
　　　봄 감는 하루 종일의 봄이 오게 돌리며
　　　　　　　　　　　　　- 「행복별 띄-새벽기도·1586」 중에서

　위의 시조에서 행복의 전제 조건이 사랑임을 명약 관화明若觀火하게 확인할 수 있다 8-ⅰ)에서 사랑=행복이라는 등식이 성립하기에 사랑의 가슴만으로도 '행복가슴'이 될 수 있다. 하지만 그 두 변수 중 선후 관계가 존재하는데, 이후의 시조들은 변함없이 그것을 중시하고 있다 특히 ⅱ)에서 '사랑'이 먼저 자리하고 그것에 이끌려서 '행복'이 찾아오는 주종主從 관계를 명시하여 기술하고 있다 ⅲ)에서 사랑과 행복의 연이은 교체로 '새 삶'이 찾아든다는 것인데, '비단방석'은 매개체로 사랑과 행복이 뒤바뀐다. 이 때 존재자는 사슴인데, 1연에는 존재의 변환이 사슴의 '눈'에서 '꽃비'로 이루어진다. 그리고 3연에 가서 사랑의 행복 전환으로 존재자의 '새 삶'이라는 질적 변화를 가져오고 있다 ⅳ)에서 행복의 소용돌이로 '사랑 잎 함께 어울려'와 '사랑이 행복 감고'와 같은 묘사에서처럼 사랑과 행복의 불리 불가능성, 즉 동질화의 과정을 집약적으로 잘 보여주고 있다고 할 수 있다.

　이상에서 살펴본 것과 같이 사랑의 행복 전환은 단계적인 질적 변화를 동반한다. 이것은 존재자의 내면의 변화, 곧 치유와 성장에 의해 하나님과의 친밀감의

형성으로 나아가는 계기로 작용하는 연행적 과정이다. 이영지의 작품 세계에서 이러한 사랑의 행로^{行路} 혹은 통로^{通路}는 존재의 상승적 변환의 척도로서 작용하므로 매우 중요하다. 그녀의 시조에서 존재를 점층적으로 상승 견인하는 다양한 의미장의 예로는 길·계단·그네·바구니·물레·두레박 등이다. 다른 한편에서 이것은 치유의 최종 심급을 보여주는 '도약' 혹은 '비상'의 출구이다. 인간나라 시간이 종국^{終局}에 끝난다 할지라도 곧이어 하나님나라 시간의 도래^{到來}의 영원한 순간(행복)으로의 입성^{入城}을 의미할 수도 있기 때문이다. 그러면 이영지의 '사랑' 시편에서 사랑의 행로에 관한 대표적 예를 찾아 고찰해보기로 한다.

> 9-ⅰ)
> 꽃 따라 길을 가다
> 오늘도 길을 가다
> 어여쁜 연분홍 볼 연분홍 살 얻으면
>
> 나는 늘
> 분홍 수줍음
> 사랑으로
> 웃어라
> 　　　　　－「꽃 따라 길을 가다-새벽기도·1571」 중에서
>
> ⅱ)
> 행복의 흙에서 온

대추를 낳아놓아
맴도는
돌
계단의 사랑을 오르면서
            - 「대추나무의 행복-새벽기도·1588」 중에서

iii)
아
아주
작은 잎이 바람에
그네 뛰면
풀잎은 바람그네 숨소리 하늘하늘

하늘이 그때부터 높아져서 뽐낸다

풀잎에 파란 꿈이
가만히
엎드렸다
숨소리 하늘그네
아
아주 작은 숨을

하늘에 얹어 놓고는 마냥마냥 즐겁다
           - 「작은 풀잎과 사랑사이-새벽기도·1726」 중에서

  위의 시조에서 주체의 공간 이동이 처음에는 수평적인 것으로부터 시작해서 점차 수직적이고 상승적인 단계로 나아가고 있음을 역시 확인할 수 있다 9-i)에서 먼저 꽃길을 따라 수평적으로 걷는 일상의 수행 과정에서 '연분홍'의 '볼'과 '살'이라는 존재성을 획득하고 있다고 말할 수 있다. 여기서 '분홍'색은 행복을 대변하는 대표적 색상인데, 시적 화자로 나오는 '나'는 언제나 그 '분홍'의 화신으로 행복의 절정에 도달하고 있음을 나타내고 있다. 그러므로 ⅱ)에서 '행복의 흙'이 상징하듯이 지상의 행복한 존재자로 지음 받았기에 응당 고난과 시련을 상징하는 수직의 '돌 / 계단'을 사랑으로 오를 수 있게 된다. 이와는 달리 ⅲ)에서 '그네'는 "하늘이 땅 아래로 오려면 / 그네이다(「사랑해의 U-새벽기도.1634」)"에서 알 수 있듯이 하늘의 계시를 상징한다. 지상의 작은 미물인 '(풀)잎'이 '그네 뛴'다는 것은 하느님의 부름에 응(호흡)함을 나타낸다. 그리고 지상에서 아주 작은 존재의 '숨소리'로 참 생명을 사는 것이야말로 바로 천상의 지극한 삶을 그대로 이어가는 동일한 길임을 '하늘에 얹어 놓고'라는 구절에서 암시받을 수 있다. 이 어찌 하나님 사랑의 언약으로 지상에서 아무리 혹독한 시련의 길을 거치게 되더라도, 궁극적으로 하늘의 문을 두드릴 수 있는 인간의 무한한 축복을 영원한 행복이라 일컫지 않을 수 있겠는가?

Ⅴ 나오며: 내심낙원^{內心樂園}의 열림

종교시는 신앙인의 실천의 문학이다. 신앙인에게 주어진 그 어떤 성품이나 속성들도 소중하고 영원하기로는 믿음·소망·사랑의 세 가지를 능가할 것이 없을 것이다. 하여 이 세 가지는 하나님께서 우리에게 원하시고 베풀어 주신 모든 것들의 총합이라고 부를 수 있다. 또한 이 셋은 하나님께로부터 새로운 본성을 부여받은 갱신된 마음에서만 나올 수 있는 것으로 인간의 낡은 본성으로부터는 솟아나올 수 없다. 그렇기에 이영지의 '사랑시조'편에서 극단적인 두 세계의 경계를 설정하고, 그 안과 밖의 대조를 통하여 내심낙원^{內心樂園}의 향방을 결정짓는 시조를 한번 들여다볼 필요가 있다

> 10-ⅰ)
> 오
> 오오 밤이 깊으디 깊은 밤엔 나서지
> 말아라
> 불을 켜고 있어라 불 밝혀라
> ― 「행복단지-새벽기도·1623」 중에서
>
> ⅱ)
> 지금은
> 돌아오라
> 보라색
> 옷을 입고

도라산 문 안으로
도라지 꽃피우라
도라지
바구니 철철
넘치도록

오너라

- 「도라지-새벽기도 · 1570」 전문

위의 두 시조는 선과 악을 가르는 행동반경이 명암^{明暗}과 안팎의 이원론^{二元論}적인 경계로 확정된다. 선^{善}의 시공간(크로노토프)은 '봄'·'지금'·'새벽'·'아침'의 시간과 '창'과 '문'의 안쪽 공간으로 설정되어 있다. 또한 선의 주체는 '청지기' 혹은 '문지기'로 역할이 정해져 있다. 결국 선의 행위는 시공간의 선택과 맥락을 같이 한다. 10-ⅰ)에서 어둠의 세계인 '밤'은 금기의 시공간이므로 빛의 세계로 이동해야 한다. 이영지는 바로 이 '불'의 모티프로 「새벽기도」라는 그녀 평생의 '신앙'과 '시작'의 순례를 떠난다. ⅱ)에서 '보라색'은 고통을 치유로 바꾸는 힘, 곧 완성을 상징한다. 그러므로 '지금'과 여기('문 안')가 피안^{彼岸} 또는 천국의 시공간이라 할 수 있다. 존재자에게 있어 '안'은 내면^{內面}을 의미하므로 안의 '꽃' 혹은 안의 '넘침'은 어쩌면 내심낙원의 열림을 표현하고자 한 것인지도 모른다.

필자는 지금까지 이영지의 '믿음' 시편에서 하나님께 관한 지식이 자라날수록 그분을 향한 믿음과 신뢰가 커져가고, '소망' 시편에서 하나님의 약속과 축복의 실현과 기대가 새로운 마음의 차원으로 승화되어가고, 그리고 '사랑' 시편에서 사랑이 이 땅에서 계속 자라듯이 하늘에서도 끊임없이 자라나서 마침내 영원한 행복에 다다랐음을 고찰해보았다. 그럼에도 불구하고 이영지의 불멸의 연작시조 「새벽기도.1~1727(?)」가 크게 보아 '사랑시조'편으로 포용되는 종교시라는 데 논란의 여지가 없을 것이다. 이것은 「고린도전서」 13:13절에서 "왜 사랑이 믿음과 소망보다 큰가?"라는 역설적인 결말과도 그 맥을 같이 한다. 하나님은 사랑이시고, 그 하나님의 사랑이 없이는 우리가 믿음이나 소망을 가질 수 없듯이, 이영지의 시조집 『행복의 물을 먹으며, 사랑으로』는 '믿음' 시편·'소망' 시편·'사랑' 시편으로 나누어 그녀의 행복의 궤적을 더듬어 볼수록 그 구심력은 여전히 사랑임을 깨달을 수 있다.

행복우산
이영지 시집

2025년 9월 9일 인쇄
2025년 9월 9일 발행

지은이 이 영 지
펴낸이 신 용 호
펴낸곳 창조문학사

서울 서대문구 홍은동 397-26 동천아카데미 5층
등록번호 제1-263호
　　　전화 374-9011, Fax 374-5217
공급처 한국출판협동조합 전화 716-5616~9

저자와 협의에 의해 인지를 생략합니다.
파본은 바꾸어 드립니다.
　　값 10,000원
　　ISBN 978-89-7734-818-9(03810)